私たちは戦争を許さない

私たちは戦争を許さない

安保法制の憲法違反を訴える

安保法制違憲訴訟の会◉編

岩波書店

目次

第Ⅱ章 戦争体験と平和への祈り

第Ⅲ章 脅かされる平和と市民生活

第IV章 私たちは訴え続ける

まえがき

「一瞬にして一五万人もの死傷者を出した長崎原爆の恐怖を、私は今でも忘れることはできません。私たちを苦しめ続けた戦争と核兵器の被害は、長崎を最後にしてほしいと思います」、これは、七二年前に長崎で被爆され、この度、安保法制違憲訴訟を東京地方裁判所に提訴された牟田満子さんの言葉です(本書七九頁)。私たちは、戦争は何千万人を殺戮し、暴力や差別、そして言論弾圧を必然的かつ大量に生み出す最大の人権侵害であり、日本国民は、戦後七〇年以上にわたって平和憲法のもとで戦争への道を食い止め続けてきたことを確信して、昨年四月に安保法制(自衛隊法をはじめとする一〇本の法律の改正法案である平和安全法制整備法及び新法制定法としての国際平和支援法のことを指す。以下同じ)を憲法違反とする訴訟を仲間と共に提起しました。

看過できない安倍政権の暴挙

安倍政権は、二〇一四年七月一日に集団的自衛権行使容認の閣議決定を行ない、二〇一五年九月一九日未明に採決の強行によって、新安保法制を成立させる歴史的暴挙を犯しました。この法案に対して、多くの国民・市民はもとより圧倒的多数の憲法学者、最高裁判所長官や内閣法制局長官の経験者をはじめとするあらゆる分野の有識者が強く反対の声を上げましたが、安倍政権はそれらを一顧だにせず、強引に成立させました。国民主権であるわが国において、戦争への道を切り拓く憲法九条の実質的改定が、従来の政府解釈をも無視して一内閣による「解釈改憲」という、前例のない政治的手法によって実現されるに至ったのです。

安保法制違憲訴訟の提起と現状

私たちは、安倍政権の憲法破壊の策動が集団的自衛権行使容認の閣議決定という形で具体化してからは、安保法制を違憲とする憲法訴訟を提起できないか、真剣に検討を始めざるを得ませんでした。違憲訴訟の提起は、法曹界とりわけ弁護士の中に「このテーマを現在の司法の場において戦うのは危険ではないか」「もし安保法制が裁判所によって合憲と認定されれば安倍政権を利するだけではないか」という意見が少なからずあったことも事実です。しかし、私たちは三権の一角を担う司法が、一見して明白な違憲状態を看過するようなことになれば、そのこと自体三権分立制度の自殺を意味するものであり、平和憲法そのものの破壊を座視するような司法は、とうてい民主国家における司法とはいえないのみならず、最終的には国民からの信頼をも失ってしまうと考えました。そこで私たちは、「安保法制違憲訴訟」を真正面から提起すべきであると決断しました。しかしながら手作り手探り手弁当で始められたこの違憲訴訟の試みの道のりは、決して平坦なものではありませんでした。

この間の全国各地の運動、そして一人一人の真剣な取り組みを本稿において語り尽くすことはとうていできませんが、違憲訴訟は本年六月末現在、東京、福島、高知、長崎、大阪、岡山、埼玉、長野、神奈川、広島、福岡、京都、山口、大分、札幌、群馬、宮崎、釧路、鹿児島、沖縄(提訴順)の二〇の地方裁判所で二三件の訴訟が提起されており、今後も全国各地での提訴が準備されています。

違憲訴訟の意義

私たちはこの安保法制を違憲とする裁判は次のような意義を有していると考えています。

まず、日本が八〇年前に本格的に始め、二〇〇〇万人ともいわれる他国民の命を奪い、日本国民も三〇〇万人以上の犠牲者を出したアジア太平洋戦争、そして東京大空襲、沖縄戦、広島・長崎での原爆など全国各地の戦災をもたらした、暗黒の戦争の時代を決して繰り返してはならないとの強い思いがあります。現在、全国各地で秘密保護法、安保法制、共謀罪など政権の暴挙を許さない闘いが広がっていますが、違憲訴訟は、これらの運動と固く連帯して、わが国の立憲主義と民主主義を取り戻すための松明(たいまつ)であると考えています。私たちはこれを高く掲げて前進しなければならない宿命を負っていると確信しています。

次に、国の政策を唯々諾々と追認することが度々ある司法のあり方を根底から問い、三権分立の一角を担い、かつ憲法保障の役割を担うべき裁判所に、その職責を果たしてもらう必要があると考えています。既に最高裁は二〇一六年一二月に、厚木基地と辺野古の二つの裁判で、現場で苦しんでいる原告のみならず、多くの心ある国民・市民も納得できるとはとうていいえない判決を出しています。この事実を私たちは直視しなければなりません。裁判所が司法の独立を維持するために自己規制を重ねるのは制度上仕方ないことであるとする見解も認識していますが、そうした状態をいつまでも黙認していては、わが国の三権分立制度は根底から瓦解するに違いありません。

さらに私たちは、立憲主義と民主主義を破壊する政権を許さないとする力が日本の国民・市民に蓄えられていることに確信を持ち、日本を再び戦争をする国にしないために、国民・市民の力を結集していく責任があると考えています。平和への大きな不安、貧困・格差、差別への怒り、人間の尊厳と人権を無視する政権に抗して、多くの人々の心と力を一つにして戦っていかなければならない、違憲訴訟はそうした市民運動の一環としての位置づけを有していると思っています。

先に述べましたように安保法制を違憲とする裁判は現在北から南まで全国各地で展開されていますが、原告として名乗りをあげられた方々は現在までに六二九六名、代理人弁護士は一六一四名となっています。そしてそれらの方々は裁判所に対して自分がなにゆえに原告となったのか、どうして安保法制に反対しなければならないのかについての陳述書を次々に著しておられます。そのことを裁判の場で切々と訴えられた方もいます。皆さまの陳述はもとよりさまざまな内容でありますが、いずれもご自身の人生体験を振り返りながら、今回の安保法制が日本を再び戦争をできる国にしてしまったこと、それによって自分がどれほどの恐怖と不安、そして耐え難い苦痛を感じているかを告発するものになっています。

原告の切実なる訴え

ところで今回の訴訟は弁護士が中心となって動き出したのですが、これを待ち望んで原告に加わられた方々は、私たち弁護士が思いも及ばないような被害をこの安保法制によって受けていることを如実に示されました。空襲被害や原爆被害によって直接戦争被害を受けた方はもとよりご親族を失った方々は惨状を脳裏に焼きつけたまま七〇年以上を生きてこられたように戦争は決して終っていなかったのです。安保法制による再度の戦争の危険は自らの恐怖の再燃のみならず、亡くなった方との約束を果たせない無念さに身をさいなまれているという現実を教えられました。また、海外で憲法九条が果たしてきた平和の旗印がどれほどの力を持っていたか、全船を攻撃するといわれたイラン・イラク戦争の際に日の丸を高く掲げてペルシャ湾を航行し、無事に石油を届けた日本船舶を守ったのは憲法九条であったと語られた乗組員の話も衝撃的でした。自衛官を経験された方々やご家族の切実な訴えも深刻なものがあります。戦後日本の平和主義というものが沖縄の皆さまの犠牲の上にあった事実も、改めて痛感させられました。それらを通して、私たちは失うものの大きさを知らなさ過ぎると気づかされたのです。

違憲訴訟の法廷で魂を込めて必死に訴えられる原告の方々や代理人をつとめる弁護士の言葉は、歴史の重大な局面に関わっている私たちの役割を大きく知らせるものでした。人間の尊厳と平和に関わる重要な問題を訴訟に携わる一部の者だけの殻に閉じ込めてはならない、広く深く、多くの国民・市民の皆さまと共有してこれからの日本という国のあり方を一緒に考えていく必要がある、これが本書を世に送ろうとした動機であります。

「戦争を許さない」大きな闘いを

今や世界はアメリカ、ヨーロッパ、アジア、中東など、ますます不透明で粗野かつ知性なき時代に突入しつつあります。そしてわが国の政権は平和憲法を敵視して、外国の戦争政策に追随する姿勢をますます強めています。しかし、私たちはそれにいささかも動ずることなく、戦後七〇年以上「一人も殺し、殺されなかった」という平和国家を担保してきた日本国憲法を、一人一人の国民・市民のものとして更に内実化していくことが何よりも求められていると考えています。

今年は憲法施行七〇年にあたります。安保法制制定過程において、多くの国民・市民が、年齢、職業、政治的信条などを問わず、政権に憲法価値を守らせるべく全国各地で声を上げました。安保法制の制定後もそうした国民・市民の声は絶えることなく、むしろより大きく具体的な反対の声となって全国各地で、訴訟という形で拡大し続けています。今なお続く全国各地での安保法制反対運動と強く連携しながら、この訴訟が、日本の立憲主義を更に強固なものにし、国民・市民が自ら主体的に行動して憲法価値を実現していく闘いの手段となっています。

安倍首相は今年の憲法記念日の五月三日に「三年後の東京オリンピックの二〇二〇年に新憲法を施行する」と豪語し、年内に自衛隊を憲法九条に明記するなどの改憲原案をまとめるとしていますが、私たちはこうした策動を決して許してはならないとの決意を固めています。政権はしきりに「国際情勢の変化」を口実にして憲法改定の必要性を主張していますが、今という時こそ、わが国は憲法九条の恒久平和主義の思想のもと、全世界に向けて「私たちは戦争を許さない」との声を強く発信しなければならないと思っています。

今こそ司法が歴史的責務を果たす時

さらに私たちは、司法を通じて自らの権利を守るために闘い、憲法秩序を維持強化していくことは、主体的に生きる自律した市民としてあるべき姿だと確信しています。本書に現れている原告一人一人の声は、政権への怒りの声であり告発の声であると同時に、自らの自由な生き方と憲法を不断の努力によって保持したいと決意した国民・市民の強い意志の表れなのです。

そして、この声は、司法への強い期待の声でもあります。国民・市民からの信頼こそが司法の正統性の根拠であり、司法を支えているのは文字通り、国民・市民であります。司法が国民・市民の厳粛な信託に真正面から向き合い、日本国憲法施行七〇年を迎えて、さらに憲法を国民・市民のものにするために、本訴訟において適切にその職責を果たすことは不可欠であると考えております。そのためにも、国民・市民の知性とあらゆる力を総結集して、今回の違憲訴訟を闘い抜いていくことが私たちに課せられた歴史的責務であると強く確信してやみません。本書が国民・市民の中に共感と共闘の輪を広げるための一助となれば幸いです。

安保法制違憲訴訟の会
共同代表・弁護士　寺井一弘
同　伊藤　真

第1章

安保法制
いま何が起きているのか

1 戦争犯罪への加担「知る権利」が危機に

戦場ジャーナリスト
志葉　玲

私は、いわゆる戦場ジャーナリストです。二〇〇二年から紛争地域で取材を行って来ました。自衛隊がイラクに派遣された時ですら、私は取材中、銃を持った若者たちに取り囲まれ、「お前は日本から来たのか？　日本は米国の犬だ！」「自衛隊をイラクに送った日本は我々の敵だ！」と激しくなじられました。イラク人助手が何とかなだめてくれ、拘束や殺されずにすみました。

しかし、同時期に取材していたジャーナリストの橋田信介さんと小川功太郎さんは、二〇〇四年五月末、武装勢力に襲撃され、殺されてしまいました。生き残ったイラク人運転手によれば、武装勢力は橋田さんの顔を確認し、日本人だと認識して攻撃してきた、というのです。

かつて、中東の人々は皆、親日的でしたが、それは日本が悲惨な戦争を乗り越え、平和憲法のもと経済を発展させたということに、本当に尊敬し憧憬の眼差しで見ていたからです。

しかし、イラク戦争が始まると、私も、米軍が病院や救急車までもを攻撃し、女性や子どもなどの非戦闘員を殺害してきたのを、何度も見聞きしてきました。そのため、アメリカのイラク戦争を支持し、戦闘行為に参加しないとしても自衛隊を派遣した日本に対する現地での反発は、非常に強かったのです。

この度の安保法制によって、日本の自衛隊が戦場で米軍を支援し、行動を共にするということは、米軍が行う非人道的行為の片棒を担ぐ日本人という構図を、現地の人々にまざまざと見せつけることとなります。対日感情は悪化し、その憎悪は最前線で取材する日本人ジャーナリストにぶつけられることになります。

既にそのことをイラク戦争で体験してきた私自身にとっては、安保法制によって、自らの身にふりかかる危険は、未来のことではなく、既に今、直面するものとなっています。もともとリスクの高い紛争地取材がさらにリスクが高くなることは明白で、現地に入ることすら躊躇せざるを得なくなります。

我々ジャーナリストは、日本の人々の、憲法で保障された「知る権利」のために奉仕する存在です。紛争地取材を行う日本人ジャーナリストは減り続けています。この上、安保法制による身の危険のリスク増大が、紛争地の現場に入ることすら躊躇させざるを得なくなり、日本人戦場ジャーナリストを絶滅に追いやるのではないか、そう危惧せざるを得ません。それは、我々、ジャーナリストたちの危機というだけではなく、日本の人々の「知る権利」の危機でもあります。

さらに、万が一、私の取材中何かあれば、日本ではこれまでもそうであったように「自己責任」の名の下に、私だけではなく、私の家族・親族にまでもバッシングが及ぶことになります。この傾向は、安保法制で自衛隊が紛争地に派遣される状況となれば、ますます酷くなることは目に見えています。このことが、今、精神的な障壁として私の前に立ちはだかって、取材活動の足を引っ張るのです。

安保法制によって対日感情が悪化すれば、私を信頼し協力してくれる現地の人々もリスクにさらされることになります。既に、安倍政権の安保法制や対テロ戦争に関する言動がイスラム過激派を刺激しており、私の取材を支える現地の協力者は一層危険な状況下に置かれ、このことも取材活動における大きな障壁です。

もともと私がこの仕事を選んだのは、報道というものへの強い思いからでしたが、取材を通して、現実に遭遇すると、戦争で極めて理不尽に、真っ先に殺されるのは最も弱い人々であることを目の当たりにしました。究極の不平等や人権侵害は戦場で起きていることを知りました。そして、世界がどう進んでいくべきかについて政治や外交を考える時に、この戦場での事実を伝えることなくして、平和も人権もないと確信を持ちました。

私は「人々の苦しみに目をそむけ自分だけ楽な生活を送ることはできない」という人としての思いから、どんなに危険でも戦場ジャーナリストをやめるつもりはありません。多くの戦場ジャーナリストも同じ気持ちだと思うのです。ただ、こういったジャーナリストを見殺しにするような国の政策はどうしてもやめてほしいのです。

それは、私の命が惜しいのではなく、現場の真実を伝えることができなくなるからです。真実を知らずに平和など語れるはずはないからです。だから、私は無用に政府に殺されたくないのです。そのために、私はこの裁判の原告になりました。

2 中東からの信頼を破壊

パレスチナの子どもの里親運動
岡本達思

一九五〇年に東京に生まれ、六六歳に至る私の人生に、大きな影響を与えたのは中学二年の時に読んだ島崎藤村の『破戒』でした。「被差別部落」という存在を初めて知り、それが社会の構造の中で、権力の側が作った制度による差別であると知り、激しい怒りを覚えたのです。さらに、権力の手による差別にとどまらず、同じ庶民の間での差別として根付く時、人の尊厳はあっけなく失われることを知り、強者が弱者を抑圧する構図に対して反発を覚えました。やがてはそうした正義感が私の最も重要な価値観となり、その後の生き方の根幹に据えられたように思います。

一九八〇年代後半から、私はレバノンのパレスチナ難民キャンプの子どもたちを支援する里親運動に参加しました。それは、欧米列強国がそれぞれの思惑から、パレスチナの地にイスラエルを建国させたことで、祖国を分割させられたパレスチナ人の苦難の歴史を知ったからです。イスラエルは、その後も圧倒的な軍事力でパレスチナ人を弾圧し虐殺し、祖国から追い出しを図り続けています。そして、いたいけな子どもたちが空爆や虐殺などの暴力に怯え、本来享受しなければならない教育や遊びから置き去りにされた現状を、なんとかしたいと活動を始めました。

私たちの里親運動は、現地の子どもに対して一六歳までの生活や学資の援助をしています。そのほか、幼稚園や図書館の建設援助や教材支援、歯科検診、シリアからの避難民に対する緊急支援等も行っています。

パレスチナの人々は総じて日本人や日本という国に特別の親しみを寄せ、信頼を抱いています。欧米諸国も同様の支援をしていますが、特に彼らの日本人に対して寄せる親愛の度は明らかに強いのです。その理由は、日本が世界で唯一の戦争被爆国として悲惨な形で敗戦を経験しながらも、見事に立ち直り発展したことに対する尊敬と、なによりもその敗戦から今日まで〝非戦〟を誓い、平和外交を貫いているからです。他の大国が、中東諸国に軍事介入する中で、憲法九条のもと武器を持たず、平和外交やNGOによる人道支援を続けてきた日本に対しては、パレスチナに限らず中東諸国の多くの人々は絶大な信頼を寄せてくれました。これは中東諸国で人道支援や取材活動を続けてきた日本人なら、誰もが感じているはずです。

ところが、自公政権による安倍内閣が誕生して以来、彼らの日本に対して抱く信頼は徐々に薄れてきました。如実に変わったのは、二〇一五年一月に安倍首相が中東諸国を歴訪して以降です。中でも一月一八日にイスラエルを訪問し、サイバーテロや軍用無人機などの安全保障関連分野での提携を深める演説は、中東諸国に対して挑発的な言動となり、私はそのニュースを見て全身に戦慄が走ったのを今でも忘れることができません。

そして、悲しいかな、その前年よりイスラム国(ＩＳＩＬ)に人質として囚われていた日本人の湯川遥菜氏と後藤健二氏が、安倍首相の中東での演説の直後に殺害されたのです。「日本政府に告ぐ。安倍、お前は愚かな『有志連合』に参加し、イスラム国の権威と力を理解していない。安倍、勝ち目のない戦争に参加するというお前の無謀な決定で、このナイフは健二だけでなく、お前の国の国民を殺す。日本の悪夢の始まりだ」という日本政府へのメッセージとともに、後藤健二氏の斬首された衝撃的な映像が世界中のメディアに流されました。その時に私が確信したことは、中東の人々に愛され続けたジャーナリストの後藤健二氏の死は、彼がイスラム国に害をもたらしたからという理由ではなく、明らかに日本人であるが故に殺されたということでした。

二〇一六年七月一日にバングラデシュの首都ダッカで、武装集団によるレストラン襲撃事件がありました。この事件で私が最もショックを受けたのは、人質の一人の日本人が銃を突きつけた犯人に向かって「I am Japanese.」と言って殺されたことでした。かつては私たちの身を守る言葉だった「I am Japanese.」が、今や何の力もないこと、むしろ日本人が攻撃の対象として変わってしまったことに、私は深い悲しみを感じました。

安倍政権が成立させた安全保障関連法は、中東諸国の人々の日本に対する不信感をさらに決定付けました。日本国憲法を蹂躙し強行採決によって成立したこの法律は、彼らにかつてない衝撃を与え、これまでの日本のイメージを大きく塗り替えさせてしまったのです。この法律が成立するや、私は中東の多くの友人から「安倍は正気なのか？」「日本は戦争をするのか？」「いつから日本は好戦国になったんだ？」といったメールを受け取りました。安倍政権による安全保障関連法の制定は、〝非戦〟を誓った日本への世界の信頼を壊したのです。

私や私の仲間がこれまで積み上げてきた中東の人々との信頼に基づいた取り組みを、中東の子どもたちへの支援を大きく侵害されたことに、強く怒りを感じています。

3 民間機も標的に

元国際線機長
山口宏弥

私は一九七二年にパイロットとして日本航空に入社、一九九一年からの一九年間は、機長として主にヨーロッパを中心に乗務してきました。

飛行機の運航は、気候や地震・火山などの状況に影響されますが、特に国際線は、世界各地の政情や治安の状況に大きく影響されています。

民間航空は平和であってこそ存在できる産業です。そのために航空労働者は民間航空が戦争に巻き込まれることに、一貫して反対してきました。しかし、一九九九年五月の周辺事態法を契機に、自衛隊の民間機利用が目立つなど、取り巻く環境が悪化してきました。

国際民間航空条約は、民間機を使った軍需輸送を禁じています。条約は例外的に二国間の軍需輸送を認めていますが、日本の航空法には日本国籍機の軍需品輸送の規定がありません。それは憲法九条があり、軍需品の輸送を想定していないからです。

ところが、政府は周辺事態法以後、「安全基準を満たせば危険品輸送として可能」「民間機による武器・弾薬の輸送も排除されない」とそれまでの航空法の解釈を変えました。

二〇〇〇年八月には、アメリカ国防総省から当時の防衛施設庁を通して、国内航空各社に対して米軍の輸送資格を取得するよう申し入れがありました。これには労働組合の強い反対もあり、航空会社は受け入れていませんが、要請は現在でも続いています。

二〇〇三年のイラク戦争では「戦争反対」の声が高まり、自衛隊派遣では日本の民間機を使用しませんでした。しかし二〇〇六年のイラクからの撤退、二〇〇九年のジブチへのＰＫＯ「派遣」では、日本航空は民生支援を理由に自衛隊輸送を受け入れました。

二〇一六年一一月三〇日、日航機がチャーターされ、南スーダンへ一一九名の自衛隊員が輸送されました。これは「集団的自衛権行使」を容認する安保法制の成立後の閣議決定で、「駆け付け警護」などの任務が付与され、武力行使も前提とした自衛隊員の輸送でした。

今日まで、日本の民間機は「報復テロ」の標的にはされませんでした。しかし安保法制の成立で、他国の戦争の助太刀をする自衛隊員の輸送は、これまでの輸送とは根本的に異なります。輸送そのものが相手国から敵視され攻撃されるだけでなく、報復テロの対象が日本国民・国内へと広がるからです。

かつて世界一の航空会社であったパンアメリカン航空は、八〇年代にパレスチナやリビアなどのテロ集団から相次いで攻撃され、多くの犠牲者を出した結果、信頼を失い、旅客が離れ、倒産に追い込まれました。パンナムがテロの標的とされた理由は軍需輸送を行っていただけではありません。「戦争する国・アメリカ」の象徴であったからです。

今年一月、アメリカでトランプ政権が誕生しました。安倍首相は世界に先駆けてトランプ大統領と会談。「日米の価値観が一〇〇パーセント一致した」として日米同盟の更なる深化を評価しています。これまで以上に日本に軍事協力を求めて来ることは明らかです。安保法制は、日本政府がアメリカの求める際限のない軍事的な協力を断る理由としていた憲法九条の歯止めを取り払ったものです。

安倍政権は、安保法制の制定で日本を「戦争のできる国」に変貌させました。これによって、日本の民間機が、テロ集団の標的にされる可能性は極度に高まりました。飛行機の旅客や乗務する仲間、後輩が犠牲となることが現実味を帯びてきています。私は、憲法を蹂躙し、国民の命を軽んじる政権に対して、いたたまれない気持でいると同時に、止めることのできない口惜しさと憤りを感じています。

裁判所には、大統領令を違憲と判断したアメリカ連邦裁判所のように、法の番人として、三権分立の範を示す判断を下されますよう切望いたします。

4　脅かされる空の安全

元自衛官　齋藤　晃

私は一九五四(昭和二九)年生まれです。高校卒業後、海上自衛隊第二五期航空学生として入隊し、パイロットを志願しました。

二〇歳から練習機に乗り始め、訓練を経て三等海尉として岩国基地配置になって以降一〇年ほど、水上飛行艇であるPS1に乗り、主に潜水艦や不審船舶の哨戒飛行を行っていました。冷戦時代にはソ連の艦艇や潜水艦、ソ連が崩壊した後は主に北朝鮮の不審船舶が領海に侵犯したとの情報があるたびに、緊急出動をしていました。

PS1はパイロット二名のほか、戦術士をはじめ対潜水艦クルーが後部に一〇人が搭乗して、任務に当たっていましたが、私が勤務していた一〇年間のうちに、訓練を含めて四機が事故を起こして墜落し、多い時には一度に一二人の自衛官が殉職しました。若い自衛官が人生を途中で閉ざされることを、またご遺族の様子を目の当たりにし、非常に辛い思いをしました。また、私の所属するPS1の部隊が解隊することになった時、私は総務班長としてこれまで墜落した数々の事故現場を回り、これからは慰霊に来ることが出来なくなったことを報告して回りました。この時も、先輩や後輩の死に向き合うこととなりました。

ただ、憲法九条があることで、戦争はしない、専守防衛であるということを叩き込まれていましたから、九条があるから戦争は起きないだろうという思いがありました。抑止力としての自衛隊であり、戦争をする軍隊ではない、という教育がなされてきました。

三九歳の時（平成六年）には、退官し、日本エアシステムに入社し（その後日本航空に吸収合併されました）パイロットとして勤務を始めました。

安保法制が成立し、施行されたことから、私が経験したころとは自衛隊や民間航空会社も様変わりしてしまうことを思うと、不安は募るばかりです。

自衛隊時代には、戦史を学びました。古くは中国の兵法なども学びましたが、兵糧攻め、という攻め方は遠い昔から行われてきたことです。今ではミサイルなどで遠くの場所、自らは安全な場所にいたまま、建物などを破壊することはできますが、最後の最後には後方支援を絶つことによって、敵を追い詰めることができるのです。食料や武器を補給する後方支援である兵站活動が一番狙われ、危険であることは、自衛隊員ならば誰でもわかっていることでしょう。これを安全だと言うことは大きな問題です。

また、私が自衛隊に在籍していたころには、一般隊員にも大学出身者がたくさんいました。衣食住がタダ、給料、ボーナスが貰える、安定した公務員であるということで、特に一流企業が少ない地方では入隊する人が多かったように思います。今は格差社会です。徴兵制などにしなくても、貧困層の若者が志願して入ってくるようになるでしょう。自分の意思ではなくても、自衛隊で教育され、上官の命令があればどんなところにでも行くことになるのです。

集団的自衛権の行使、これを止めなければ、私の後輩である若い自衛官が標的となり、人生を途中で閉ざされるかもしれません。訓練ですら操作を誤り墜落することがあるのです。実戦となるとその危険性は飛躍的に大きくなります。

また、有事の際には民間航空機が使われることになります。今は、民間航空機には武器や弾薬などを載せてはいけないと航空法上定められていますが、特定秘密保護法の制定により、何を積んでいるのか機長にはわからないようにして運ぶことはあり得ます。民間航空機もテロの標的とされるでしょう。過去のアメリカの民間航空会社パンナムの飛行機がテロにあった事件からも、それは明らかです。

私は、集団的自衛権の行使容認の閣議決定がなされ、そして安保法制が成立し、今まで平和だった日本が戦争をするようになるかと考えたとき、亡くなっていった自衛官や、その遺族の姿を思い出し、非常に辛い気持ちになりました。実際に自衛隊に対する出動命令が出されれば、私の教え子が出動する可能性もあり、さらに辛い思いに耐えきれないと思います。

また、民間航空機が狙われれば、私の後輩パイロットや乗務員が危険な目にあうことになります。

さらには、日本が他の国の戦争に参加すれば、あるいは参加を表明しただけでも日本が攻撃され、国内でのテロが起こる可能性が飛躍的に増えるおそれがあります。

私には子や幼い孫がいます。今後子供たちが戦争やテロにさらされることを考えると非常に心配で、今から落ち着かない日々を過ごしています。

5 後方支援で生じる船舶の危険

本望隆司 元船員

私は、今回の安保法制が成立することによって、元船員の立場から、私が被った苦痛を述べたいと思います。

私は、一九六二年に船員となり、一九八七年に退職するまで、一等航海士として、主として外航船員として働いておりました。一九八〇年に始まったイラン・イラク戦争の際には、私は原油を輸送するタンカーの一等航海士として、ペルシャ湾を何度も航海しておりました。

日本の船が攻撃の対象になるかもしれないということで、実際とても不安になったことを記憶しております。当時は、交戦国は、ペルシャ湾に入る外国船を攻撃対象とするといっておりましたので、私たちは、攻撃されないためにどうしたら良いかを色々考えました。

そこで、日本船は、ペルシャ湾に入るときには、日の丸を大きく掲げることで、日本船であることをイラン・イラク両国に分かるようにする方法をとり、イラン・イラクと合意を取り付けました。当時、まだ日本は憲法九条で戦争を放棄した中立の国であるということをイランやイラクも承知しており、そのため、日の丸を掲げた船舶に関しては、攻撃しないという合意が取れたのだと思います。これは、憲法九条のもつ、はっきりとした効果であったといえます。このおかげで、海外の船舶は攻撃されたものもありましたが、日本船は一隻も攻撃されることはありませんでした。ところが、政府が憲法九条の精神を捨て去り、海外での武力の行使が可能になる集団的自衛権を閣議決定してから、我が海運業界にもその影響が現れています。

周辺事態法では、「後方支援」の民間協力を求めています。そこでは、船員を予備自衛官として、武器等の輸送に用いることが想定されています。実際に、防衛省と船舶会社との間で、既に、二隻のチャーター契約を結んでいます。一〇年で合計二五〇億円という金額です。これは、普段は船舶を通常利用してもよいが、有事の際には、防衛省の命令によって、これらの船舶を自衛隊がチャーターできるというものです。

船舶を運航するのは自衛官となっていますが、これらの船舶は、現役の自衛官では操作が無理ですから、船員を予備自衛官として、自衛官の身分で、船舶を航行させることになります。国内の船舶会社は小規模な会社が多いため、船のチャーター契約は、船舶会社としては、黙ってもお金が入ってくる非常においしい取引であるわけですが、現場の船員にとっては、「後方支援」の名の下、いつ攻撃されるか分からない状況に置かれる危険性が高い取引となってしまっています。

今は、これらの船舶会社に就職する際に、予備自衛官になることを条件としているようです。これを拒否することは当然できますが、そうすると、採用されなくなってしまうため、実質的には、拒否できないでしょう。現役の船員にとっても、業務命令とされてしまえば、それを拒否することは現実的になかなか難しいと思います。

船での輸送は、単に船員だけでなく、港湾労働者等、船舶に関わる業務に従事している人たちは多数に上ります。有事になれば、これら船員だけではなく、港湾労働者なども協力させられることになります。

政府は、あたかも「後方支援」は安全であるかのような説明をしておりますが、「後方支援」というのは実際のところ、兵站活動であり、船舶は、まさにこの兵站活動を担うものです。前線部隊に食糧、武器弾薬、医療物資等を運ぶのですから、敵からみれば、それを攻撃し、補給を遮断するのがもっとも効率的であることは当然です。「後方支援」だからといって安全であることは全くなく、輸送船は反撃の手段を持っていませんから、むしろ前線より危険といって良いと思います。このことは、第二次世界大戦中に、日本の民間の船舶が輸送船として徴用され、魚雷の攻撃対象になって多くの犠牲が出たことからも明らかです。

集団的自衛権の行使容認を政府が決めてから、日本の船舶が安全ということは全くなくなりました。先日のダッカでの日本人襲撃(二〇一六年七月に親日国のバングラデシュで、武装集団が日本人を含む人質を取ってレストランに立てこもり銃撃戦となった。日本人の人質は「日本人だから助けてほしい」という意味のことを犯人に伝えたが射殺されてしまった。日本人は安全との神話は崩れた)でも明らかなように、むしろ日本が攻撃対象として扱われる事態になっており、海運業界を初めとする運送に関わる業界にその影響がもろに出てくるのではないかと非常に恐れています。

現役の船員は、これらの動きに対し不安があっても、なかなか声を上げることが出来ません。

私は、元船員として、実際に自分が現役だとしたら、今回の安保法制によって、武器弾薬を輸送する任務に就いたとき、戦闘に巻き込まれ、輸送船が攻撃される事態に遭遇すると考えただけで、本当に不安になります。後輩の船員のことも考えると、自分のことのように心が痛みます。

　正規の憲法改正の手続をとらず、専門家を初め多くの人たちが違憲であると言っている安保法制を強行採決し、海運業界がまた、再び戦争への協力をさせられる途がひらかれてしまったことに対し、海運業界にいた者として、これほどの苦痛はありません。

6　ジャーナリズムの危機が人生変えた

元NHK記者
飯田能生（よしき）

私は去年（二〇一六）五月まで、NHKで報道記者として働いていました。「チーフプロデューサー」という肩書きで、ニュース制作の現場の管理職を務めていました。番組としては「ニュース7」、「おはよう日本」といったニュース番組の制作、「BSニュース」では編集責任者も務め、最後は「首都圏放送センター」のニュース制作に関わりました。一昨年、安倍内閣が集団的自衛権を容認し、安保法制の成立を強行させたことが、私の運命を変えました。

私の父母はともに昭和九（一九三四）年生まれです。父は戦時中、東京大空襲で家を失い、母は山形県内で疎開をしました。多くの友人や親戚、身のまわりの大切なものを何もかも奪い去られる戦争の被害を受けました。異なる地で敗戦を迎えた両親ですが、二人が共通して体験したのは、教科書の墨塗りでした。昨日まで「天皇陛下は神様だ」「最後は日本軍に神風が吹く」と教えていた教師が、何の謝罪も釈明もせず、「昨日まで教えていたことは誤りだった」と言って教科書の記述を次々と墨で潰させたといいます。軍国主義に染められた子どもたちにとって、それまでの価値観を全面的に否定され、天皇以下、教師に至るまでの大人たちに対する不信感を抱かざるを得ない衝撃的な体験だったと何度も聞かされました。そんな両親には「民主主義」は新鮮で、理想的な価値観であり、日本国憲法の「平和主義」の理念は戦争体験者としてとても腑に落ちるものだったのでしょう。私は、両親から「民主主義」や「平和主義」の大切さを教えられ、かけがえのない価値観として吸収し成長しました。大学の法学部に学ぶ中で、自分自身でこの価値観を見直す機会がありましたが、この理念はますます私の揺るぎない確信となりました。やがて八七年四月にＮＨＫに記者として就職しました。「憲法の精神が行政、立法、司法の場でどのように実現されているのか、何より国民が憲法の恩恵を享受しているのか、すべてこの目で見てやろう！」というのが大きな動機でした。また、おかしいと感じたことを指摘するのがジャーナリストの使命であり、権力には屈しないというのが仕事上での信条でした。しかし、私の人生に予期せぬ事態をもたらしたのが安保法制関連法案でした。

そもそも公共放送たるＮＨＫの報道は、不偏不党・公正中立の立場を守り、情報の送り手の主観的な判断を交えず、客観報道に徹することが原則です。余計な論評を一切しないのは〝行政府も立法府も民主主義が貫かれている〟からであり、ありのままを客観的に報道することこそ、重要だと考えるからです。しかし、国家権力は「戦争」という暴力支配の誘惑に常に晒されています。実際、政治が、戦争に向かう挙国一致・言論統制といった不健全な社会の循環に陥る現象は、歴史の中でしばしば見られました。我が国でも戦前、軍部が台頭する中、治安維持法が改正され、産業報国会が結成され、国民精神総動員運動が展開されました。国家総動員法によって政府は議会の承認なしに経済と国民生活全般を統制し、「大政翼賛会」は戦争遂行のため国民を動員する大きな役割を果たしました。投獄や拷問を伴う思想弾圧も行われ、報道機関に対する言論統制も行われました。ここ数年の政治を振り返ると、特定秘密保護法の成立、マイナンバー制度の導入、「一億総活躍社会」という政治コピー、そして今国会で議論されている共謀罪の新設と、まるで戦前・戦中の歴史をなぞるかのように名前を変え、形を変えた支配制度が再び私たちの背後に忍び寄っているように思えます。こうした中、安保法制関連法案は、あれほど憲法違反だという指摘を受けながら、審議も尽くされず、数の横暴による「多数決」により成立させられたのです。安保法制の成立は、ここ数年の悪循環を加速させるもの、あるいは質的な転換と言っていいほどの急激な社会の歪みをもたらすものと考えます。

また、この間、ジャーナリズムに対して政府・与党からのあからさまな圧力が相次ぎました。テレビ朝日のコメンテーター古賀茂明氏への批判、ＴＢＳが放送した街かどインタビューの内容に対する非難、沖縄の地方紙に対する暴言、さらには電波管理法に基づくテレビ局の免許更新をちらつかせ政府批判の報道の自粛を迫るかのような総務大臣発言。ＮＨＫ前会長が就任記者会見で「政府が右というものを左とは言えない」という発言も、その流れを象徴するものでした。この中で、マスコミもジャーナリストも大きな力に流されていきました。これを民主主義の危機と言わずして、何と言えばいいのでしょうか。

徹頭徹尾、民主主義と平和主義を生かしたいと選んだ仕事が、この安保法制の成立という決定的な出来事で、その存在基盤を失いました。私はこれ以上、今の報道体制に従事していくことはできなくなったのです。私がぼんやりと想像していた穏やかな人生の流れは、安保法制という大きな波によって流れを変えられました。民主主義の危機を目の当たりにして、家庭にいても職場にいても、まるで大波に飲み込まれて息が詰まるような毎日が始まりました。そして、組織ジャーナリズムの限界を痛感したことが、去年五月、私に依願退職を決意させました。最早「政府を信じ、国会を信じ、この国の民主主義を信じよう」と無責任に口にすることができなくなったからです。戦後日本に構築された民主主義が目の前で破壊されているときに、この破壊行為に疑問を呈することすら「不偏不党」の大義名分の下では慎重に検討せざるを得ない職場で、できることは限られています。

残り数年の安泰なサラリーマン人生と、自分の信念を曲げてまで仕事を続けることとの苦しい選択でしたが、答えは明瞭でした。この社会の中で私自身はとても小さな存在に過ぎませんが、この濁流から孤独でも一人で抜け出さなければ、自分の信念を貫き通すことはできないと思いました。次世代の人たちに、この時代を生きる大人として責任を持ちたいと思いました。収入を失う中での子育ての不安よりも、この国の民主主義が崩壊し、国家の意向で人と人とが殺し合う戦争に突き進んで行く世の中での子育ての不安の方が、はるかに大きいのです。そして、民主主義社会に落とされた影が漆黒の闇に変わる前に、NHKという寄らば大樹を失おうとも職場の仲間との連帯をかなぐり捨てようとも、妻子を背負って一人で立ち上がらなければならないと決意しました。それは、私の五〇余年培ってきた自らの価値観と、これからの子どもたちの未来のために、傷つけられたままではいられないからです。孤独感や将来への不安感はあります。しかし、私の判断は間違っていなかったと思いますし、後悔もしていません。民主主義の時計の針を後戻りさせるのではなく、前に進める司法判断を切に希望いたします。

7 街頭に立つ自衛官の父

富山正樹
自衛官の父

私は、鍼灸マッサージ師として働いております。私には四人の子どもがおり、長女は介護職の職を体調不良で辞めて現在フリーター、長男は漁師、次男は自衛官、次女は看護学生です。それぞれが利息付きの奨学金や借金を持ち、人生の進路をゆっくりと冷静に選択する余裕もなく日々の暮らしを懸命に生きています。

次男は陸上自衛隊に所属する自衛官です。息子は就職難で奨学金の返済も抱え求職活動に悩んでいた時、高校時代の友人が自衛官で、その親御さんも自衛官ということで、自衛隊の災害派遣や、専守防衛の尊い任務についてご家庭を訪ねて、たびたび話を聴きました。そして自衛隊の存在意義と理念に共感し、自らの意思で自衛官の道を志しました。私は専守防衛とは言え、武器を持つことに反対をしましたが、最後は息子の信じる専守防衛と災害救援派遣に対する思いを尊重し、自衛隊へと送り出しました。息子も私も、その任務は専守防衛という国民の厳粛な信託にこたえるものとして、間違っても海外での戦争に参加するなどということは、九条のもとにある自衛隊に限って起こすまいと信じておりました。

ところが二〇一五年七月一五日、衆議院で戦争法（安保法）を強行採決された瞬間、息子が戦争に送られるかもしれないことが現実のものとなったことに、こころが激しく揺れました。私は「このまま何もしなかったら日本は大変なことになる、自分が何もしないで、息子が戦場に行くことになったら、自分で自分を許せない」との強い思いが、眠ることもできないほどに湧いてきたのです。

その思いは抑えがたく、妻からは最初反対されましたが、三日後にはたった一人で街頭に立ち、無言のスタンディングアピールを始めました。やがて志を同じくする人たちが一緒に駅前や繁華街などに立って下さるようになり、「愛する人を戦地に送るな！」と書いた大きなポスターを掲げ、ついには、のぼりを立て、トラメガ（トランジスタメガホン）を使って、大きな声で戦争法に反対のアピール活動をしております。最初は隠れるように活動していましたが、だんだん一緒に行動してくれる人も増え、今では当初反対していた妻も、共に立つ仲間の一人となりました。

自衛隊員の息子は、自分のこころに誠実に向き合い、自分の人生に悔いは残さないように生き抜いてほしいと思って育ててきました。自らの思いを通じた生き方で、人様の役に立つような人間になるようにと育てたつもりです。でも、それは、もちろん平和な方法によるものです。戦争は、殺し殺されるものです。私たち家族が愛し、その思いを尊重して育ててきた息子が、専守防衛を超えて、海外で殺し殺される場に立つことを想像すると、胸は潰れ、こころは乱れます。

アメリカの帰還兵の現状を調べるうちに、一日平均二二人の帰還兵が自殺をする現実を知りました。帰還兵の自殺者の異常な数の多さ。戦場の恐怖で夜中に奇声をあげる。恐怖と後悔から酒に溺れ、ドラッグに走る。家族や恋人、医師や心理カウンセラーも手助けできない。極限の家族と、自分をどうすることもできない本人。それは帰還した兵士とともに、家庭や社会に戦場が持ち帰られる現実です。

日本の社会に、これが今まさに再現されようとしています。この平和な日本社会に、自衛官家族に、それを受け止める覚悟があるのでしょうか。私にはありません。

こころからの怒りと悲しみが湧いてきています。

8　横須賀基地と原子力空母

基地周辺住民　新倉裕史

私は、神奈川県横須賀市の南部、長沢に暮らしています。住まいは、在日米海軍横須賀基地から約一〇キロメートルの距離にあります。

父親が米軍基地で働いていたため、基地の存在は幼いころから身近に感じていました。慣れ親しんでいた基地ですが、成人するにつれてその存在に疑問を持つようになり、現在、小さな市民運動に参加し、基地の存在と市民の平和な暮らしについて、考え続けています。

新安保法制法が成立しました。基地の街に暮らす市民として、これは、大きな不安材料です。基地の街の住民がどんな状況におかれているかを、先ず述べます。

最初に、米海軍横須賀基地に配備されている米艦船が、実際にしてきたことについて報告します。横須賀基地を母港とする空母機動部隊は、湾岸戦争、イラク戦争で、先制攻撃の中軸を担ってきました。イラク戦争では横須賀母港の二隻のイージス艦が、巡航ミサイル・トマホークを発射して戦争が始まっています。先制攻撃のあと横須賀母港の空母キティーホークの艦載機が五〇〇〇回以上の攻撃を行いました。

イラク戦争の犠牲者は一九万人。その七割の一三万四〇〇〇人が、戦闘に巻き込まれて死亡した一般市民といわれています。アメリカ軍兵士の戦死も四五〇〇人を超え、除隊後の自殺者や戦争後遺症に苦しむ元兵士の多さが深刻な問題となっています。

開戦理由とされた、フセイン政権による「大量破壊兵器の保有」も、「テロリストをかくまっている」も事実ではなかったことが、米国自身の調査で明らかになっています。二〇一六年七月には、同盟軍であったイギリスの独立調査委員会(チルコット委員会)も、「侵攻は法的根拠を十分に満たしていたと言うにはほど遠い」と調査報告書を発表しました。

基地の街に暮らす市民として心に重くのしかかるのは、こうした国際法に反した先制攻撃による軍事力の投入が「平和」を遠ざけ、より大きな混乱を作り出しているという現実です。歴史学者のエマニュエル・トッドは「IS(イスラム国)を生んだのは、アメリカのイラク侵攻だ」(朝日新聞、二〇一五・二・一九)と指摘します。欧米諸国が過去数十年にわたって繰り返してきた空爆や地上戦が、夥(おびただ)しい数の中東の市民を犠牲にしてきたことが、今日の「テロの脅威」を呼び込んでいます。

こうした現状を冷静に見れば、新安保法制法の成立によって、私たちが暮らしている横須賀の米軍と自衛隊が、より同盟化を強め、一緒になって、新たなテロを生み出すことにつながる軍事行動を起こすことになりはしないかと、心から心配しています。

米軍基地自身が、随分前から「テロ」を現実問題と考えていることを、私たちは知っています。二〇〇一年九月一一日、アメリカで発生した「同時多発テロ」に関連して、在日米軍基地がとった対応をみれば、そのことは明らかです。九・一一「テロ」の直後、米陸軍相模補給廠の入口には土嚢が積まれ、その上部には機関銃が据え付けられました。重武装の兵士が構える銃口は市民に向けられていました。

横須賀基地の正面ゲートでは、基地で働く人々の通勤時には、弁当の中身や着替えの下着までがチェックされ、人権侵害の指摘が新聞記事になりました。

九・一一の二日前の「星条旗新聞」は、一面で「テロに注意、韓国と日本の米軍基地が攻撃の対象に」という警告記事を掲載していました。

そして、空母キティーホークは、テロを恐れて横須賀基地から避難しました。このとき、横須賀の海上自衛隊の二隻の護衛艦は、集団的自衛権の行使というべき、米空母の警護をすでに行っています。一五年前のことです。

新安保法制法の成立によって、こうした軍事行動がより日常的になれば、米軍自身が自覚している横須賀基地への「テロ」の脅威は、さらに増すものと思います。

行政も、「テロ」問題を現実的な問題として扱っています。

横須賀市の「国民保護計画」(二〇一六年三月)は第一編「総論」、第五章「市国民保護計画が対象とする事態」のなかで、「基地等の機能発揮阻止のため、これらの攻撃が想定される」と位置づけています。

さらに横須賀市の「国民保護計画」は、こうした攻撃には、「武力攻撃原子力災害」が含まれ、「本市に入港している原子力艦が武力攻撃災害を受けた場合における周囲への影響にかんがみ、次に掲げる措置を講ずる」(第三編、第七章)と書いていました。

二〇〇八年から横須賀に配備された原子力空母は、一時寄港ではなく、横須賀基地で定期修理も行い、平均的な滞在日数は二〇〇日前後。加えて、原子力潜水艦の寄港もあり、年に三〇〇日近くは、横須賀基地に原子力艦が停泊しているのが現状です。こうした原子力艦が攻撃され、原子炉が破壊されたときにどのようなことになるか、福島原発の事故による放射能汚染の深刻さを知った私たちにとっては、住まいも近隣の環境も故郷も失うことになる、取り返しのつかない惨事となります。そして、その被害は、私たちの地元にとどまらず、首都圏全域に広がると、原子力情報資料室のシミュレーション結果は警告します。

基地の存在で、穏やかな生活を脅かされ、これまでも、在日米軍基地周辺に暮らす市民として、いろんなことを考えてきましたが、新安保法制法の成立は、日本全体に関わるような大きな被害になります。私の平和の下に暮らす権利はすでに大きく脅かされています。こういった具体的な被害が想像できる私たちのような立場の者の意見もくみとることなく、集団的自衛権を認めて九条を骨抜きにするようなことを勝手に決められたことは、私の利益だけではなく他の国民市民のためにも、私は主権者として訴える権利を侵害されたといえます。

基地の街に住む市民のひとりとして、具体的にその被害の大きさを想像することができる私は、なんとしても新安保法制法を廃止したいとの思いで原告に加わりました。

9　宣教師の活動にもリスク

宗教者
安海和宣（あつみかずのぶ）

私はキリスト教会の牧師です。憲法違反の安保法制は「平和をつくる者たれ！」というイエス・キリストの教えに反します。イエス・キリストを主と告白し信仰する私の信条に反し、信徒の信仰を守る牧師の立場としても、大きな侵害を受けています。

「剣をもとに納めなさい。剣を取る者はみな剣で滅びます」とイエス・キリストは言いました。武力による威嚇・偽りの抑止力は、真の平和ではありません。日本国憲法前文と第九条は国民を守り、日本はそれゆえ緊張関係にある諸外国に対して対話する力を持ってきました。平和憲法のブランド、和を重んじる気質、敵対する相手にさえ敬意を持って向き合う精神は、キリストの教えと一致します。

安保法制の強行採決と施行は、我々キリスト者の信仰信条を脅かしています。健全な宗教活動が制限されるのではないかという不安。戦中のような迫害が起こるのではないかという危惧。安保法制があるがゆえに、発言を自制し、忖度（そんたく）する社会に迎合していくことは、聖書の教えに反し、多大なストレスを抱えることになり、「権利侵害への漠然たる不安」の域を超えています。

戦争しようとする国は、必ず言論や思想を統制するということは歴史が教えています。

日本キリスト教史を紐解きますと、一九四一年、改正治安維持法の下でキリスト教会に対する迫害は始まりました。翌年から一三四名の牧師が全国で一斉検挙され、三〇〇以上の教会が閉鎖されました。それは、神社参拝を拒否したこと、キリストの再臨信仰・すなわち神の子であるキリストがやがてもう一度この地上に来られるという信仰が同法に抵触したという理由です。

時を同じくして、宗教団体法が施行され、管理統制のためにプロテスタント教会は日本基督教団として一つにされました。日本基督教団は国体へ迎合し、戦争に協力していきました。一九四二年一月には、日本基督教団統理の富田満牧師が伊勢神宮に参拝し、一九四三年には全国の教会から献金を募り、ゼロ戦を二機ずつ陸軍と海軍に献納しています。一九四四年にはアジア諸国の教会に「日本基督教団より大東亜共栄圏に在る基督教徒に送る書翰」が送られ、侵略に加担していきました。宗教弾圧の歴史であり、負の歴史です。このような苦しみを得て日本国憲法が誕生し、第二〇条「信教の自由」によって、日本にキリスト教が伝えられた四〇〇年目にして初めて、私たちは信教の自由を認められたのです。

私は宣教師の子として、インドネシア・ジャワのマラン市で生まれ一五年を過ごしました。子ども時代ポンティアナックという町に住むとき、何人もの友人から「安海和宣は日本人だから友達になっちゃだめだと親に言われている。ごめんね」と言われました。彼らの親族は、日本軍に拷問を受け、虐殺されるなど、戦争の被害に遭っていました。そのとき、牧師である父は「かつて日本軍は刀を持ってやってきた。しかし、私は平和の福音を携えてこの地に戻ってきました」と語りかけ、受け入れられていきました。神様からの赦しと和解。キリスト教の教えと平和憲法の力です。このように現地の方たちとの間に築いた信仰の絆を、今回の法律で破壊されることは、宗教者としては耐えられないことです。

　平和憲法の力は海外の方がより強く感じられます。日本のパスポートは世界最強と言われ、日本人は数国を除いて世界中の国々を行き来することができます。それを受けて現在一三一万人（二〇一五年外務省発表による）の在留邦人が世界中で活躍しています。私どもの教会は、海外に宣教師を派遣していますが、安保法制により日米両国が一体となって軍事活動をすると世界から見られることは、宣教師の命と宣教を危険に曝すリスクを格段に高めています。犠牲者が出てからでは遅いのです。どんなに科学が発達しても、命を生み出すことは神様のわざによってしかできません。

　宗教者として、牧師として、安保法制の違憲性が証明され、廃止されることを願いつつ、これからも声を上げてまいります。

10 安保法制は沖縄県民の生活と安全を脅かす!

下地（しもじ）聡子　弁護士

二〇一七年三月、沖縄弁護士会会員有志により、沖縄における安保法制違憲訴訟の提起が決定、慰霊の日である六月二三日に那覇地方裁判所に提訴しました。沖縄で訴訟を提起せざるを得なかった理由は、広大な軍事施設を抱えることから「存立危機事態」が発生した際には真っ先に攻撃対象となる可能性が高いことと、沖縄では戦後一貫して、米国の戦争への加担に危機意識を持ち続けてきたことです。すなわち、沖縄においては、安保法制の存在は決して抽象的な危険にとどまらず、沖縄県民の生活と安全を脅かす現実的でかつ具体的な危険をもたらすのです。

沖縄県は在日米軍施設の約七〇パーセントを抱えており、沖縄本島の一八パーセントを米軍基地が占めています。軍用機は基地外の上空も飛行し、軍用車両は基地間の公道を走行します。在沖米軍施設は、訓練施設に限られません。アメリカ国外最大の空軍基地である嘉手納基地、アメリカ本土以外で海兵隊のヘリコプター部隊が唯一常駐する普天間基地、全部で三つしかない海兵隊実戦部隊のひとつ「第三海兵遠征軍」の司令部が置かれるキャンプ・コートニー等、主要な軍事施設が集中します。

また、昨今沖縄では、中国との領土問題やそれに起因する軍事対立を危惧して、国境に近い島々で自衛隊誘致が相次いでいます。日本最西端の与那国島には、二〇一五年度末に陸上自衛隊沿岸監視部隊が配備されました。二〇一五年には、防衛省は宮古島に陸上自衛隊の警備部隊を配備する方針を固め、二〇一六年には、石垣市の中山義隆市長が陸上自衛隊配備受け入れを表明しました。宮古島と石垣島には、艦船の破壊を目的とする地対艦ミサイル部隊を配備するそうです。

このように沖縄には、実際に戦闘となった際に真っ先に攻撃対象となる施設や武器が、集中的に設置されているのです。

沖縄はこれまで、米軍基地の集中により、米軍による犯罪被害や日米地位協定による負担を一手に引き受けてきました。負担とは、米兵が公務中に罪を犯してもほとんど裁かれることがないこと、日本の航空法で禁止されている市街地上空での低空飛行訓練が行われていること、米軍基地内は環境保護の規定がないこと、そのため沖縄県民は日常的に深刻な爆音被害にさらされ続けていること等です。安保法制下において、沖縄はこれまでの不利益に加えて、攻撃対象となる危険というさらなる負担を引き受けることになるのです。

他方、沖縄にとって、米軍基地の存在による軍事的な利益はどれほどあるのでしょうか。米元国防次官補で国際政治学者のジョセフ・ナイ氏は「日本が血を流してアメリカを守らない以上、アメリカが血を流して日本を守ることはない」と述べており、米軍基地があることによって沖縄が守られるとは限りません。

沖縄は戦後において、常にアメリカの戦争や軍事戦略に左右されてきました。それゆえ沖縄は、米国の戦争に巻き込まれ、加害者及び被害者になることに敏感であり続けました。

朝鮮戦争とベトナム戦争が勃発した際、在沖米軍基地は戦地を爆撃する軍用機が離陸する、直接攻撃基地となりました。冷戦が新たな局面を迎えようとする一九七八年、「日米防衛協力のための指針」の合意によって、沖縄周辺で日米合同演習が行われるようになりました。冷戦終結後に進められた米軍の再編においては、在フィリピン基地からの嘉手納基地への移駐が進められ、かえって基地機能強化の方向に働きました。二〇〇一年の同時多発テロとアフガニスタン戦争により、米軍基地を抱える沖縄は危険であるという風評被害を生じさせ、沖縄への観光客が激減するという副作用を生みました。これらの出来事は、いずれも米国の戦争や軍事戦略により引き起こされるものであり、沖縄県民の民意とは一切関係なく生じるものなのです。

米軍の従軍記者が「この世の地獄を全て集めた」と描写するほど苛烈を極めた沖縄戦。それを経た沖縄は、戦争とその気配を敏感に察知し、米軍の動きに対し声を挙げ続けてきたのです。辺野古新基地建設の根強い反対運動も、現状以上に戦争加担が進むことへの抵抗感を背景のひとつにしています。普天間基地の代替ではなく、さらなる新機能を備えることとなる新基地は、沖縄の軍事的重要性を上げることとなります。それはとりもなおさず、沖縄が戦争に巻き込まれる危険を上げることになるのです。

戦争加担への抵抗は、政治的立場のいかんにかかわらず、一貫して沖縄県民が訴え続けてきたことでした。例えば一九五一年に巻き起こったいわゆる復帰論争においては、復帰論側も独立論側も、対立しながらも、米軍による戦争への協力の拒否という点では一致していたのです。

攻撃対象となる可能性の高さから被害者になりたくない、沖縄戦や戦後の経験から戦争へ加担したくない、こうした沖縄県民の想いは、安保法制の成立によって明示的に踏みにじられました。二〇一六年一一月七日、沖縄本島沖の無人島・浮原島（うきばるじま）において、安保法制が施行されて初めての日米合同訓練が実施されました。安保法制下で新設された概念である「重要影響事態」を想定した訓練です。安保法制の成立による変化は、民間人にも感じられます。基地のない那覇市内においてもオスプレイが飛行します。基地のある自治体では肉眼で搭乗員が確認できるほどの低空でオスプレイが飛び回ります。軍用車両の公道での走行が増えます。戦争の始まりを想起させる小さな兆候が、不気味に、確実に増えているのです。

沖縄戦において、沖縄は本土の捨て石にされました。安保条約下で、基地の公平負担を求めるという沖縄の声は聞き入れられませんでした。これらの経緯から、安保法制が想定する事態が起こった際においても、沖縄の声は無視されるだろうという予感を払拭できません。

現代の戦争は報復の連鎖です。安保法制があることにより、アメリカが自国の正義を伝播させようとする中で生じる怨嗟（えんさ）の渦に巻き込まれる可能性が上がります。

本土において米軍基地のない地域に暮らすと、米軍の戦争に巻き込まれるという事態をリアルに想像しづらいかもしれません。しかし、国が戦争に巻き込まれたとたん、国内の個人ひとりひとりが直接加担せずとも、戦争は私たちに無関係なものではなくなります。想像が難しいと感じる余裕があるうちに、違憲の声を挙げ続けなければなりません。全国的な連帯の中で、安保法制の存在が県民の日常生活を現実に脅かすという沖縄固有の事情を踏まえつつ、安保法制の違憲性を強く訴えていきます。

11 ナガサキ　語り部として

被爆者　吉﨑幸恵（さちえ）

私は五歳の時に長崎で被爆しました。その苦しみを、誰の上にも二度と繰り返させてはならないと思い、被爆体験の「語り部」をはじめ、今日まで平和活動に取り組んで参りました。私を支えてくれたのは、憲法九条です。戦争を永久に放棄すると定めた憲法九条は、被爆者を含む多くの戦争の犠牲者の上にあります。被爆の悲惨さを語り、戦争のない社会を目指して活動することに、九条は勇気と自信を私に与えてくれています。

ですから、多くの反対の声をふみにじり、安保法制が成立したことに、強い衝撃を受けました。こんなにも簡単に、憲法が壊されていいわけはない、安保法制のもとでは、私自身が、そして私が語りかけてきた子どもたちが、再び戦争の惨禍を経験することになるかもしれないと思うと、怒りと恐怖を感じます。

私の実家は、爆心地から三・五キロ離れた長崎市伊良林町です。実家は農家で、両親と六人の姉妹のほか、近所には親戚も住んでいました。

近所に住む一四歳のいとこは、学徒動員で爆心地から一・四キロしか離れていない、兵器工場で働かされていました。ところがその日は帰って来なかったため、翌日から、私の両親や親戚の者が工場があった方面に向かい、手分けをして探し回りました。

その時に見た光景は、まさに「この世の地獄だった」と両親から聞きました。男女の区別もつかない、黒焦げとなった死体の上に死体が重なっていて、いつしか「気持ち悪い」という感情も薄れ、素手で顔に触れながら確認していったこと。生きている人も目玉がえぐられ、あるいは飛び出し、髪の毛は逆立ち、ズルむけになった皮膚をボロ切れのように垂らしていたこと。焼けただれた全裸の人のうめき声。熱線と炎に焼かれ、血に染められ、膿にまみれた肉体からの悪臭。母は失神と嘔吐を繰り返しながら、それでも父と一緒にいとこを必死に探し続けました。

三日目になり、伊良林国民学校の救護所で、いとこは見つかりました。戸板に乗せられて帰ってきましたが、やけどや怪我はしていませんでした。しかし、日が経つに連れて容体がどんどん悪くなっていきました。発熱、嘔吐、下痢がひどく、やがて歯茎から出血し、全身に紫の斑点が出るといったさまざまな症状が現れたのです。そして原爆投下から九日目の八月一八日、急性原爆症で亡くなりました。裏山の空き地で荼毘（だび）に付された一四歳の生涯は、あまりにも短く、そして残酷過ぎました。

いとこを探して、原子野（げんしや）を歩き回った両親と親戚の人たちも、後年、がんを発症し、亡くなりました。姉も乳がんを患い、妹は甲状腺機能低下症で今なお苦しみの中にいます。そんなことから、私は今度は自分の番ではないかという恐怖を抱きながら、日々を過ごしています。あの日から何十年経過しようが、これが被爆者ゆえの不安と悩みであり、消えることはありません。

幼かった私は、自分では両親が見たあの「地獄」の惨状は見てはおりません。けれども、語り伝えることはできます。両親や先輩被爆者から聞いたこと、被爆体験集や写真集、資料集で学んだことをしっかりつかみ、一九八三年から語り部を務めています。語りたくても語れない死者たちに代わって。そうすることが残された者の使命だと思うからです。

現在までの三四年間、被爆四〇周年には、アメリカ南西部の核の発祥の地ロスアラモスを含む一三の都市をはじめ、県内の主に小中学校など、さまざまな場所で被爆体験を語ってきました。

ところで、一昨年(二〇一五年)四月、五年に一度開催のNPT(核兵器不拡散条約)再検討会議のニューヨーク行動に参加しました。私も高齢になり、生きている間に被爆者らしく、被爆者にふさわしい活動をと、被爆七〇年にあたりそんな決意を固めてのことでした。

すべての日程を終え、四月二九日、ニューヨークからワシントンに移動してからのことですが、実は、どうしても忘れられない出来事があります。

ホワイトハウス前の広い公園で横断幕を広げ、核兵器廃絶を訴える署名行動に移ろうとした際、二人組みのポリスが来て、私たち代表団約四〇人ほどと観光客も含め、公園の外にしめ出されました。公園の使用許可は現地の方が取り、その引率に従って行動していたのにです。

当日は、安倍総理が連邦議会において上下両院議員合同会議の場で、安保法制の成立を「夏までには実現する」と約束した演説を行っていたことが、帰国後分かりました。国民には何も知らせず、国会でもまだ議論さえしていない中、アメリカ従属の独裁発言は許されないことです。

振り向けば、ホワイトハウスの前には黒い四台の車が並び、日章旗を立てた二台目の車には安倍総理が乗っていたと。車はそのまま走り去りました。

安倍総理を気遣って私たちが排除されたこと、その屈辱に耐えながら悔しさと怒りでいっぱいになりました。代表団はそれぞれが不満と抗議を口にしていました。

その翌日、私はワシントンの教会でスピーチの機会を与えられ、その中で、この法廷（福岡地裁）で述べたことと同様の被爆体験を話し、核兵器全面禁止を訴えました。スピーチの最後に、世界に誇る平和憲法を持ちながら、安倍政権与党は国民多数の反対を無視して、「集団的自衛権行使容認」を閣議決定し、「戦争のできる国」への道を進もうとしていること、「積極的平和主義」が詭弁であることを訴えました。そして、国民の一人として、真の平和と正義を貫くために、いっそう誠実に活動を続ける決意を述べました。

しかしながら、九月一九日、安倍政権は数の力でついに安保法制、つまり「戦争法」を強行成立させました。「もっと生きたかった」との原爆犠牲者の思いを胸に生きてきた私の人生を、戦争の犠牲になって終えることは絶対に嫌です。

私の語りを聞いて、命の尊さや平和に生きることの価値に思いをいたし、戦争のない平和な社会を築くことを約束してくれた子どもたちの命が奪われるようなことは、絶対にあってはなりません。

人権救済を使命とする司法こそが、「安保法制は憲法に反している」ことを、明確に判断いただくことを切に願っています。

12 憲法九条は写真家としての私の背骨

大石芳野 写真家

私は、戦争や内乱、急速な社会の変容によって傷つけられ苦悩しながらも逞しく生きる人々の姿を追う写真家です。私自身は、一九四三年の生まれで、実際の戦争体験としての記憶はほとんどありません。

母と渋谷駅前や繁華街に出かけた時、怪我をして包帯を巻いた傷病兵をよく見ました。私には傷病兵の異形と包帯、そして鋭い眼光がとても怖かったです。それを正直怖いと思ってしまう自分のことを申し訳ないと思う気持ちも感じ、いたたまれない気分になりました。

NHKラジオでは「尋ね人の時間」という番組があり、行方知れずの家族や知人を捜す人々の痛切な思いを、固唾(かたず)をのんで聞いていました。新聞にも「尋ね人」の欄があり、今の五円玉くらいの、軍隊の制服の若い兵隊の写真が並んでいました。赤紙一枚で徴兵され、遺骨も遺品も何も戻らないまま戦死とだけ知らされた遺族も、どこかでまだ息子や夫らが生きているのではないかと信じて、藁をもつかむ気持ちで依頼したのだと思いました。私は「怖い」「気の毒だ」という気分にさいなまれながら、この「尋ね人」の生活、家族、吐露されなかった思いなどに思考を巡らせ、何とか見つかってほしいと拳を握りしめ掌(てのひら)に汗をかきながら、身体を強ばらせながら緊張して読んでいました。こうした時間を通して、私は戦争を追体験していたのだと思います。

どうして戦争の取材をするのか、とよく質問を受けます。私は、人の経験とは直接的なものだけをいうのではなく、写真や書物、体験者の話など間接的なものからも追体験することができると考えています。安倍政権の首脳陣は、戦争被害への謙虚な姿勢など持ち合わせていないようですが、戦争を知らないからといって戦争被害を理解できないということではないはずです。

私は今も写真家として戦争の被害を受けた人々を取材し、日本人にこそその苦しみを知って貫いたいと思って活動しています。現在も多くの戦争の被害者が生み出されています。このような被害を生む戦争への不安を知る義務が、人にはあると考えています。とりわけ為政者は逃げずに、必ず学ばなければならないのではないでしょうか。

日本は戦争で他人も自分も殺傷することなく、戦後の約七〇年間を過ごしてきました。多くの若者が戦争を昔のこととか遠い外国でのことで、日本では平和が永遠に続くと思っているようです。けれど為政者も国民も多大な努力を果たしてきたからこそ、戦争を避けることができたといえます。武力ではなく憲法を盾に、世界と闘ったのです。

日本は軍事力を増大させ、戦争に突入し、多大な犠牲を内外に払いました。その反省から生まれたのが九条ではないでしょうか。九条によって日本は戦争に巻き込まれずに済んだといえます。軍事力よりも力のあるものが九条です。私自身も、平和な世の中になるようにと努力してきました。日本は九条で平和を守ってきた、だからこそ海外の戦争や内戦被害に今も苦しむ人たちに、〝平和な世の中は実現できるんだ〟というメッセージを伝えてこられたという自負があります。

この間に酷い戦場になった国々が多々あります。そこに日本が加担(参戦)するよう何度も要請されましたが、日本は憲法九条を盾に断り続けました。

断った先のベトナムでは未だに戦争の後遺症に苦しむ人たちが少なくありません。とりわけ枯葉剤ダイオキシンの被害は深刻です。私はその取材を重ねていますが、もし、日本が要請通りに自衛隊を送っていたら、私たちはその強大な責任から逃れることはできないことでしょう。

カンボジアは内戦が長らく続くなか、PKOの一員として日本の自衛隊が初めて海外へ出兵しました。銃は保持せず、道路や橋の補修など、住民の側に立った国造りに徹しました。そしてスーダンでは、ダルフールでの虐殺に遭い大勢が難民となって隣国チャドに避難し、同時に南部だけが独立をして南スーダン国となった頃、私は現地へ行きました。子どもたちがその犠牲の最先端にいることに胸の詰まる思いでした。

このような海外の戦地や戦争被害者に対し取材活動をする際、私は一方的に写真を撮るのではなく、同じ空気を吸い、同じ時代に生きる一人として、時間をかけて相手の話を聞きます。傷ついている相手ですので、日本を「羨ましい」と思わせないように配慮しながら、日本は七〇年間戦争をしてこなかったと話し、「日本はいいね」「自分の国もそうなりたいね」という思いを共有し、会話のキャッチボールをしながら、温かい交流を通じて関係を築いていきます。

このところ、私は写真家として、仕事へのやる気がなくなってしまったと思うことが増えてきました。「年のせいだろうか」「戦争への怒りを持ち続けるエネルギーがなくなってしまったのか」などと思っていました。その原因が、今回の安保法制にあることが分かりました。私の写真家としての活動は、この国の平和憲法に支えられていたのです。この憲法があることが私の背骨だったことに気がつきました。そして、日本の平和憲法を海外の取材先で紹介することで、私はささやかな民間外交を行ってきたのです。

ちょうど二年前です。私の気力と体力が失われてしまったのは。安倍内閣が集団的自衛権を認めると閣議決定してしまった時からだと気づきました。現政権の立憲主義に違反するやり方は国民を蔑ろにし、強権ともいえるやり方は想像を超えたものでした。民主主義は倒れたのかとさえ思うような事態です。安倍首相は誤った意味で「積極的平和主義」を訴えています。私は恥ずかしくて、海外に出向くことに消極的になってしまったのです。心が曇り、表情も淀んだようで、自信をもってカメラを向けられなくなってしまいました。安保法制に足元をすくわれ、私の生業を、生業に向ける情熱を奪われたと感じています。これは私にとって耐えがたい苦しみです。

日本人は、太平洋戦争により大きな被害を受けました。しかし、私は日本人として、私たちが一〇〇パーセントの被害者であるとも思ってはいません。加害者としての面も持ち合わせたのです。だからこそ、私は今までのような活動を続けてきました。しかし、安保法制により自衛隊が海外で戦闘行為に及べば、今度は日本人が新たな加害者になるのです。また同じ悲しみ、苦しみを受けなければならないのでしょうか。

このような安保法制を、違憲状態のままに黙認してはいられません。そして、それを許したのは結局、私たち国民なのです。有権者の曖昧さであり、国会や政権の流れを漫然と眺めていたり、まさかと高を括っていたり……しなかったでしょうか。その反省も込めながら私は安保法制の成立を見過ごすことはできないのです。

私の戦争に対する姿勢は、「戦争は終わっても終わらない」ということです。同じ題名の写真集を二〇一五年出版しており、表紙の写真は、沖縄で撮影した炭化した人骨です。あらゆる人が戦争で受けた傷や生死をさまよう悲惨な体験に今でもさいなまれています。戦後七〇年は、私たちが戦争と平和を考えるための時間であったと思います。戦争について反省し、九条を守り、育てできました。今現在も、同じ空気を吸っている人が戦争の被害に遭っている。そのような世界を人々の努力によって変えていきたい、平和を守りたいという私の信念と人生をかけた営みを踏みにじられることには到底耐えられません。

第11章

戦争体験と平和への祈り

1 孤児の苦しみ繰り返すな

金田マリ子
戦争体験者

私は東京大空襲の戦争孤児で、現在八一歳です。

父は私が三歳の時に病死し、母と姉と妹と暮らしていました。

戦争中、宮城県に学童疎開していましたが、東京に残った母たちと別の場所に縁故疎開するために、三年生だった私は卒業する六年生と一緒に東京に帰ってきました。母たちに会えると、はやる心で上野駅に着くと、そこは一面焼け野原になっていました。昭和二〇(一九四五)年三月一〇日夜半の、東京大空襲の直後の朝だったのです。

母は迎えには来ていませんでした。迎えに来てくれた叔父に連れられて「母たちはどうしているだろう」とそのことだけを思いながら、西新井の叔父の家まで半日かけて歩きました。黒焦げになった遺体が、あちらこちらにありました。その光景は、今でも私の頭の中に焼き付いて離れません。

空襲で母と姉と妹は行方が知れず、私は叔父の家に引き取られました。空襲から約三カ月たった六月に、母と姉が隅田川で遺体で発見されたと知らされました。妹は結局見つからず行方不明のままでした。心の中の何かがすっぽり砕け落ちてしまいました。

孤児となった私は、その後、別の親戚宅に引き取られました。そこには七人の子どもがいて、義理の叔母が「なんで面倒見なきゃいかんのか」と言っているのを何度も聞きました。いとこたちからは「おまえなんか、はよ、去んでけ！」「お前は野良犬だ」と言われ、気に入らないことがあると往復ビンタをされ、本当につらく惨めな毎日でした。一番悲しかったのは、「親と一緒に死んでいたら良かったのにね」と言われたことでした。悲しくても、孤児には甘える人もいません。

親戚宅で私は、朝早くから家事をさせられ、走って小学校に行き、学校から帰ると、また様々な家事が待っているという生活でした。家で勉強をする暇などは全くなく、毎日くたくたになるまで働きました。

ある日、夜遅くに理不尽なことで従兄から何度も殴られ、私は家を飛び出し、真っ暗な川辺で泣きじゃくっていました。「お母さん、なんで死んでしまったの。お母さんのところに行きたい、早く死にたい」と思いました。でも、「自殺したらお母さんの所に行けなくなるよ」と言った祖母の言葉が忘れられず、死ぬこともできませんでした。

高校を卒業し、無一文で親戚宅を出ました。親なし、家なしで仕事先もない中、女中や女給の仕事をしながら、必死に働きました。

二四歳で結婚し、子どもができた時、私は、「この子のために生きなくてはいけない」、「この子にだけは親のいない苦しさを味わわせたくない」と思いました。孤児になって、生きることに絶望していた私が、初めて感じた「生きよう」という思いでした。

子育ても終わり、私は、戦争孤児の方々の聴き取りをするようになり、私より、もっと壮絶な体験をしている人たちを知りました。戦後、上野の地下道は戦争孤児であふれ、大勢の子どもたちが餓死し、凍死しました。浮浪児となった孤児たちは、捕えられトラックに山積みにされ収容所に送られたり、人身売買されたり、農家で奴隷として使われたり、自殺をした子もたくさんいました。

私はこんな夢を何度も見ました。「電車に母と姉と妹が乗っており、私だけをおいて行ってしまう。母は振り向き本当に悲しそうな顔をする。姉と妹は振り向かない。私はその電車を追いかける」こんな夢です。それ以来、母の顔はこの悲しそうな顔しか思い出せないのです。

これが私の九歳からの人生です。

日本が戦争をしないと決めたことで、この孤児の苦しみは私たちで終わると思っていました。ところが、憲法九条に違反して、また戦争をする国になる法律が作られてしまいました。戦争は必ず人が亡くなります。孤児も生まれます。私は、子どもや孫たち、若い人たちに、絶対に、私と同じ思いはさせたくないのです。経験をしていない人たちにとって、戦争になったらどんなことが起こるのか、想像ができないのではないでしょうか。私にはあの辛い体験が、すぐそこに蘇ってくるのです。「絶対に戦争はしてはいけない」血を吐くまで叫び続けてでも、今の国の動きを止めなければなりません。

この新しい安保法が作られ、私は自分の身が引き裂かれそうな思いです。

2　東京大空襲の記憶

戦争体験者
河合節子

戦争によって家族を殺され、傷つけられた被害者の一人として、この安保法制が強引に成立させられたこと、施行されたことで、私が受けた被害を訴えます。

昭和二〇(一九四五)年三月一〇日の東京大空襲は、二時間あまりの間に東京下町の約一〇万人が焼き殺され、約一〇〇万人が罹災したというすさまじい戦争被害でした。

私は、母親と二歳、三歳の幼い弟を焼夷弾の火炎の中で、失いました。母や小さな弟たちが、火あぶりの刑に処せられるような何をしたというのでしょうか。父親は、大火傷を負いながらも、生き長らえましたが、住居、生活用品、食物すべてを失いました。家族すべてを奪われた人々も沢山いました。家族も生活のすべも失った者たちが、その後を生きることは、本当に大変でした。

大火傷を負った父は、病院に収容されましたが、薬もなく火ぶくれになった皮膚に、油を塗る程度の劣悪な医療環境の中で、やっと命を取りとめました。しかし、眼瞼(まぶた)や唇は反り返り、耳たぶも融けてなくなり、顔中ケロイドの状態になりました。当時、誰もが貧しく、なにがしかの被害を負った生活でしたが、それでも父のケロイドの顔面は人が目を背けるようなひどい様子でした。父が奇異の目にさらされながらも、働いて、幼い私を育てることは、どんなに大変だったかと思います。父の辛さ切なさが分かる年齢になり、申し訳なさに手を合わせるような思いです。父はそんな被害を受けながらも、妻や子を守ってやれなかったことに苦しんでいました。

戦時中、兵士も戦いましたが、一般市民も戦争にまき込まれました。自分たちの住む街が戦場になったのです。近代戦においては、国のすべての住人が標的となったのです。

私の人生は、母や弟たちを失い、父を苦しめ続けた、そんな戦争の傷跡の中で形作られてきたのです。国内外に膨大な被害をもたらして終わった戦争の結果、「私たちは、もう二度と戦争はしない」と決め、現在の憲法が制定されました。私に大きな重荷を負わせた戦争を「やってはいけないことだ」と国が認め、「二度と戦争しない」と私たちに約束してくれたものでした。二度と私のような苦しみを子どもや孫たちが負うことはないと、その約束と引き換えに、大きな心の痛みや苦しみをこらえて生きてきました。

私は、いわゆる東京大空襲の被害者として国を相手に裁判を起こす原告になり、約七年間裁判をしました。国策の誤りによって、どんな酷い被害を受けても、国のために戦った軍人等でなければ、国は全く救済しませんでした。その不平等を訴えたのです。この裁判で出会った多くの空襲被害者が、原告陳述書の結びはまるで申し合わせたように、「二度と再び、戦争しないために、この訴訟に参加します」とありました。戦争被害に導いた国に責任をとってほしいけれど、それがこれまで通りダメでも、この憲法に則って、政治は平和を守らなければいけないと、そのことをまもり続ける義務があると確認させたかったのです。司法は、この戦争被害についての救済の必要性を判断せず、立法府にゆだねました。

ところが、国の立法機関は、司法に指摘されたかつての戦争の後始末をするどころか、その反省さえ忘れてしまいました。戦争の時代を、身をもって知る政治家が多かった時は、戦争する国に舵を切ることはしませんでした。今、悲惨な戦争の記憶が薄れたためでしょうか、攻撃されなければ、こちらからはそれを防御する行動はとらないと決め、かつての戦争突入・拡大に進んだ道を封じていたにもかかわらず、この安保法制は集団的自衛権を容認しました。自国が攻められていなくても、何処へでもいってアメリカと戦える国になってしまったのです。それも「ナチの手口」にならって、憲法を無視し、国会で十分に審議されることもなく、十把(じっぱ)一絡(ひとから)げで成立させられたのです。こんな憲法を無視したやり方を見過ごすことはできません。これって詐欺じゃないですか。今、引き返さなければ重大な結果を招きます。この安保法制に、私たち戦争体験者は七〇数年前の異常な日々の記憶を呼び覚まされ、自分や家族の頭上に、火の玉となって戦争が降ってくると、怯えて暮らすことになります。何十年経とうとも、消えることのない心の傷は、この法制の成立によって、再びかさぶたをはがされるように、生々しい心の傷としてすべてが蘇ってきます。亡くなった母の顔や、小さかった弟たち、そして苦しんで苦しんで私を育ててくれた父のあのケロイドの残った面影、すべてが今現実のものとして蘇ってくるのです。

　私はこども心に「何故、大人たちは戦争を止められなかったのか」と思いました。今も問い続けています。そして今、大人である私たちは、それを問われています。

　戦争する国になることは世界を平和にはしません。恨みが恨みを招き、やがてその恨みは自分たちの元に返ってきます。私は、九条のある戦わない平和な日本を、家族の犠牲と自分の人生の犠牲の引き換えに、七〇年手にしてきました。この先人の犠牲を無にするようなことは何としてもやめてください。裁判所は私たちの被害をしっかり受け止めてください。

3 被爆者を踏みにじる安保法制

被爆者 田中熙巳（てるみ）

私は、一九三二(昭和七)年生れで、八四歳になります。二〇〇〇(平成一二)年から二〇一七年六月まで、日本原水爆被害者団体協議会(日本被団協)の事務局長をしていました。

私の父は元軍人で満州へ赴任したため、私は満州で生れましたが、父が、昭和一三年に奉天(瀋陽)で亡くなったので、母は私と兄、妹二人を連れて長崎に帰りました。

長崎へ原爆が投下された一九四五年八月九日、私は一三歳で旧制中学一年生でした。自宅は爆心地から三・二キロ離れた山影の地形の所にありました。木造二階建の家で、私は二階に居て、突然、真っ白な強い光を感じ、慌てて二階から下に降りて伏せましたが、気を失ってしまいました。強い爆風が襲ったと思いますが、どうして気を失ったかわかりません。母子四人は、奇跡的に誰も傷を負いませんでした。家は爆風でかなり傷みましたが、修理して住むことができました。

爆心地から一キロ以内に父方と母方の二軒の伯母の家があり、五人の親戚を亡くしました。爆心地と私が住んでいた街との間に大きな金比羅山という山がありましたので、私は原爆直後の惨状は見れませんでしたが、三日後に爆心地帯に入ったときには、亡くなった方が何百何千と散乱し、重症を負ったままの方たちもあちこちにいました。これは本当に人間の世の出来事かと思いました。

終戦後、母子家庭の我家の生活は苦しく、勉学のかたわら働いて生きることで精一杯でした。私は、進学したかったのですが、高校卒業後一年間は市の保健所の臨時職員として働き、その後、上京して四年間働き、東京理科大学理学部に入学し、原子物理学を専攻しました。長崎では、被爆者が白血病で後になってどんどん亡くなっていくのを見ていました。原爆がどんなものか知りたかったのです。

卒業間際に、東北大学工学部の助手の募集があり、幸い採用され、研究者と教育者の道に進み、その後埼玉の大学に移り、七〇歳まで勤務しました。私は、幸運にも無傷で生き残ったので、被爆者のためにできることを精一杯しようと考えて活動してきました。

原爆の被害が何だったのかを振り返るとき、特異なこととしてまず思い出すのは、終戦直後から現地にアメリカが設置したＡＢＣＣ（原爆傷害調査委員会 Atomic Bomb Casualty Commission）が被爆データを収集していたことです。子どもはすべて連れて行かれ、ＡＢＣＣで検査されました。妊婦がいるというと、助産婦協会が協力して、妊婦を連れて行きました。検査をするのです。被爆に苦しむ人が行っても治療をしてくれるところではありません。遺伝子レベルでの調査をしていたのです。私たちは嫌なところだと思っていましたが、占領下ですから私たちに「否」はありませんでした。私たちはモルモットだったのです。

また、国内では被爆者であることによる根深い差別偏見がありました。長崎を出た者は「長崎出身」であると口にすることができませんでした。イコール被爆者というレッテルが貼られるからです。被爆者の子ども世代の結婚にあたっても、親が被爆者であることや、長崎出身であることは隠さなければいけないことでした。

私たちは原爆によって遺伝情報を傷つけられただけでなく体内に入った放射能のために、このような苦しみをずっと負い続けています。力による紛争解決は核兵器に行きつく可能性をはらみ、またこの日本では原発は格好のテロの対象になっています。七〇余年前の被爆の苦しみが解決されていないのに、再びその危険に踏み出すことになった安保法制は、私自身の平和的な生存も、私たち被爆者の人格としての尊厳も顧みないことです。そして、被爆者の一人として生きてきた自分の人生を振り返ると、同じ苦しみを誰にも味わわせたくありません。

また戦後一貫して平和と被爆者の救済のためにたたかってきた私にとっては、私たちの声を聴くことなく、憲法九条を踏みにじる法律を制定したことに対して、主権者としての強い怒りを感じます。

4 平和教育研究者の苦悩

教育学者
堀尾輝久

私は一九三三年福岡県小倉生まれです。一九三七年、四歳の時日中戦争が始まり、父は戦場へ行きました。六歳の時、中国北部で戦病死しました。靖国に祀られ、我が家は「誉れの家」となりました。学校では戦争は「東洋平和のために」と教え込まれ、やがて私は当然のように軍国少年になっていました。

敗戦は一二歳、小倉中学一年の夏でした。終戦の安堵と将来の不安。教科書の墨塗り体験は、それまでの価値観を自分の身体で否定する、否定される体験であり、翌年配られた「新しい憲法のはなし」は新鮮な驚きでした。戦後改革、憲法と教育基本法のもとで、しかし、私の悩める青年期は始まりました。

大学では比較的に自由な法学部政治学科に入ったものの、なじめず、さらに人間の問題を深く考えたいと思い、人文科学研究科の大学院で教育哲学・教育思想を専攻しました。

戦争と平和の問題は、なぜ自分は軍国少年であったかの問いとして、学部生の時からの関心事でした。法学部では、丸山眞男ゼミで「日本におけるナショナリズムとファシズム」、尾高朝雄ゼミでカントの「永久平和論」を読み、大学院では現場教師の平和教育実践に触発されました。

私の研究も戦後改革への関心から憲法と教育基本法の成立過程を精査して、『教育理念』(山住正己との共著、東京大学出版会、一九七六年)として上梓。その後も、新資料に基づき憲法九条の押し付け論を批判し、その世界史的意味を考察してきました(「戦争と教育、そして平和へ」『総合人間学会年報』四号、二〇一〇年、「憲法九条と幣原喜重郎」『世界』二〇一六年五月号)。

また人格形成を軸とする人間教育にとって、平和は条件であり、目的であると考え、平和主義を教育思想の中軸に据え、さらには自分の生き方として捉えるようになってきました(『人間形成と教育——発達教育学への道』岩波書店、一九九一年、『地球時代の教養と学力——学ぶとは、わかるとは』かもがわ出版、二〇〇五年、『未来をつくる君たちへ——〝地球時代〟をどう生きるか』清流出版、二〇一一年)。

東京大学では、教育学、教育思想の講義とともに「平和と教育」ゼミを続け、中央大学では国際教育論を講じ、現在も総合人間学会で「戦争と平和の問題を総合人間学的に考える」研究会を主催しています。

この間憲法に対する確信も深まり、憲法九条の精神を護るだけではなく世界に拡げることをこそ憲法は求めていると考え、同じ思いの先輩方を引き継いで、国際憲法学会や9条世界会議、パリでの国際平和教育会議にも参加してきました。今は「前文・9条の精神で地球憲章を創ろう!」の国際的な運動をすすめるため、世話人の一人として準備をしています。私の研究・教育活動の軸には、平和への希求と九条の理念があったのだと改めて思っています。

この間の経緯と現在の状況は私の精神のありようにとって厳しいものがあります。安倍内閣のもとでの教育基本法改正(二〇〇六年)は衝撃的であり、教育学研究の根拠を奪われる思いでありました。しかし憲法がまだ生きている、と思い直してきました。

しかし、安保法体制が進めば、マスコミと教育は国民馴化のための手段となり、社会から、学校から自由の雰囲気が消えていき、再び軍国少年少女が育てられるのではないか。貧困と格差は経済的徴兵の温床となるのではないか。そのような事態こそ、人格権としての幸福追求の権利を制約し奪うことになるのです。

このような憲法が侵される事態は堪え難い苦痛であります。それは研究者としての苦痛であるとともに、平和主義を自分の生き方として選びとってきた私にとっての人格権の侵害そのものと言うべき苦痛であります。

長らく教育研究に身をおき、平和の思想史と平和教育の実践的研究に携わり、前文・九条に誇りをもって生きてきた者として、さらに「九条の精神で地球憲章」を創る仕事に取り組もうとしている者として、この事態は、私の研究の根拠を、さらには私の生き方を国家権力によって否定され、奪われる思いです。

これまで教育関連の裁判においては、学者として意見書を書くことはあっても、自ら原告になることはありませんでした。しかし今度ばかりは、自ら原告となる道を選びました。それほどの苦痛を受けているということであります。それは個人としての苦痛にとどまらず、教育研究者として未来世代に責任を負うものとしての憤り(公憤)でもあるからです。

戦前戦中そして戦後を生きてきた人間の一人として、未来世代の権利を護る責任をもつ世代の一人として、法の前に立ちたいと思っています。

5 「愛国少年」を作る政治を許すな

彦坂諦（ひこさかたい）　作家

一九四五年の夏、わたしの生涯は終ってしまいました。たかだか中学一年にすぎない一二歳の少年にそんなことがあるものかと言われるかもしれません。しかし、このわたしにとってそれはまぎれもない真実だったのです。なぜか？

それ以前のわたしには明確な生きる目的がありました。「大東亜戦争」に勝利することです。「大日本帝国」という名を自称し、「東洋平和」のためという大義名分のもとにあの大戦争をはじめたその国家の目的が、そっくりそのまま、このわたしの生きる目的であり生きる支えになっていたのでした。それが一挙に失われてしまったのです。そればかりではありません。「大東亜戦争」の目的そのものが正義に反するものであり、その不正な目的のために、この国家は、三〇〇〇万人ものアジアのひとびとを殺し、三〇〇万人もの自国民をも殺したのだという事実を、認めざるをえなくなってしまったのでした。*

この「大日本帝国」の植民地で敗戦を迎えたわたしは、この国家の保護を一挙に失っただけでなく、この帝国に抑圧されてきた民族からの報復をも受けなければなりませんでした。なぜ、このわたしまでがこんな目にあわなければならないのか？　まったくわからなかった。けれど、やがて、すこしずつ、その理由も理解していきます。

戦後のわたしの生涯は、このわたしが、なぜ、あのような愛国少年につくりあげられてしまったのか、その原因を探り、わたし自身のそのようなありようを克服して、人間としてまっとうなありかたを取りもどしていく、といういとなみに捧げられてきました。

戦前戦中のわたしには、自分の頭で考え自分で判断して自発的・自主的に行動するなどおもいもよらないことでした。いえ、あの当時は、大人たちも含めて、だれもが、国家が望むように考えることを、いえ、国家が望むように感じることをさえ、直接にであれ間接にであれ、強制されていました。和の尊重。一億一心。これに同調できない者は異分子すなわち非国民として、国家が排除する。みんながおなじようなことを、みんなとおなじように、みんなといっしょにやらなければならなかった。そのような「期待される人間像」へと、わたしは、この国家によって純粋培養されたのでした。

そこから、全生涯をかけて脱却し、自己変革をとげてきた、いまのこのわたしにとっては、ですから、自分の頭で考え、自分で判断し、自発的・自主的に行動できるということ、言いかえれば、みんなとおなじようなことを、みんなとおなじように、みんなといっしょにやりなさいと言われたとき、いやです、と拒否できること、これが、このわたしが生きていくうえで欠くことのできない条件になっているのです。

この条件を、これまでは、日本国憲法がわたしに保障してくれていました。それが、いま、安保法制の施行によって脅かされようとしています。日本国民はかくあるべしと、日本国という名の国家が、具体的には安倍政権が、規定し、この規定に従えない、あるいは同調できない者を、異分子すなわち非国民として、国家が、実質的には安倍政権が、排除する、といった状況が、安保法制の施行によって、杞憂ではなくなっているのです。

このわたしがわたしとして生きることを、この日本国という国家の独裁的支配権力を握った安倍政権が、いまや、不可能にしてしまった。すくなくとも、きわめて困難にしてしまったのです。安保法制は日本国憲法に違反している、とりわけその根本理念である基本的人権を侵害している、と、わたしが考えるのは、以上の理由によってです。

（＊編集注　第二次世界大戦における犠牲者数には諸説あり、執筆者の原稿のままとしている）

6 父を苦しめた戦争体験

診療所事務長
高橋俊敬（としたか）

私の亡父、高橋國雄は、大正九(一九二〇)年宮城県の田舎町に生まれ、尋常高等小学校卒業後上京し、旋盤工をしながら日大工学部の夜間部に通いましたが、戦局の悪化に伴って昭和一八(一九四三)年に繰り上げ卒業となり、関東軍重砲部隊に配属されました。

父が配置されたのはソ連国境、東寧という巨大な要塞でした。一九四五年八月九日未明、突然雷鳴のような砲撃が始まり、東寧要塞にも砲弾が集中されましたが、分厚いペトンで造られた要塞は持ち堪え、直ちに反撃の砲撃戦となりました。口径二〇センチメートルを超える重砲も何発も立て続けに撃ち続けると砲身が真っ赤に焼け付き、初年兵が外に出て砲身にバケツの水を浴びせて冷やす作業をするのですが、周囲をソ連軍に包囲された中、機関銃弾が浴びせられ、何人も死んでいきました。父は、入隊したばかりの一〇代の若者たちが次々に戦死する有様を見て、「戦争の怖さ」を初めて知ったそうです。やがて、要塞の外周から次々に突破され、中隊長から砲台を自壊して脱出するよう命令され、重砲中隊の残存者たちは森林の中に逃げ込みました。

玉音放送から五日後の八月二〇日。日本軍の格好をした三人の兵隊を発見し、詰問したところ動員された朝鮮兵と分かり、中隊長は「敵前逃亡」と決めつけて、三人の斬首を命じたのです。

命じられたのは父と軍曹の二人。父も一人の朝鮮人青年の首を切り落としました。父はその瞬間の、軍刀の刃先が頸椎に食い込んだ瞬間の感覚が忘れられず、死ぬまで「恐ろしいことをしてしまった」と悔やんでいました。夜中に突然うなされることも死ぬまで続きました。

父や東京大空襲で被災した伯父たちの悲惨な戦争体験を小さな頃から聞いて育った私は、「何故、戦争が起きるのか？」、それを理解しようと大学の文学部西洋史専攻に入学し、戦争史を中心に学びました。そして、戦争は自然現象ではなく、戦争しようとする勢力がいてはじめて勃発するという、ごく当たり前な結論に至りました。

現在私は、北千住にある小さな診療所の事務長として、命を守る仕事に尽くしています。二〇一四年七月一日、政府は「集団的自衛権」を閣議決定しました。二〇一五年九月一九日に安保法制(戦争法)が強行採決されるに及んで、私の怒りと不安は最大限に募り、怒髪天を突くような思いでした。私の一人息子や同年代の若者たちが、戦地に駆り出され銃火にさらされる時代が始まってしまいました。今、歯止めをかけなければ、私の父が経験したような、いや、それよりもっと悲惨な日々が必ずやってきます。憲法前文と九条が明確に禁じている戦争を絶対に認めるわけにはいきません。

前の大戦で、二〇〇〇万を超えるアジアの人々が犠牲となり、日本兵も海外で二四〇万人が犠牲となっています。*厚労省の公表資料によっても、一一七万人の戦死者の遺骨が今も遺族に還されておりません。

私は、二〇一三年二月に厚労省の公募ボランティアとして約二週間、「玉砕」の島＝硫黄島に行き、地下壕を掘り、御遺骨を回収して来ました。硫黄島では有毒ガスが流出しているので、陸上自衛隊の不発弾処理班と化学防護班の隊員たちが随伴してくれました。二週間の間、お互いの出身地や父母兄弟のこと、なぜ自衛隊に入隊したのか？　などを聞く中で、彼らへの尊敬と愛情が沸いて来ました。二〇一五年一一月二〇日、陸自部隊が「駆け付け警護」「宿営地の共同防御」の任務を付与されて南スーダンに派遣されてしまいました。私は硫黄島で一緒だった彼らも派遣されるのかと思うと、身が削られるような深い悲しみに陥りました。安保法制がある限り、自衛隊の危険な地域への派遣は行われるでしょう。また、「武力攻撃事態法」では、「存立危機事態」を総理大臣が宣言すれば、私たち医療従事者も動員され、私や私の同僚も戦争に協力させられる危険が生じます。

七二年前の戦争の後始末さえできない国が、「集団的自衛権」の名の下にふたたび戦争ができるようになることなど断じて許せません！

シベリアから奇跡的に生還した父もお墓の中から「戦争だけはしちゃいかん！」と叫んでいると思います。「玉砕」した硫黄島の将兵も約半分の一万一〇〇〇人が未だに未帰還です。彼らも土砂で埋まった地下壕の奥から「戦争しちゃいかん！」と叫んでいる声が私には聞こえます。

平和に生きる権利を守るため、私は政府の違法性を訴え、安保法制の即時廃止を訴えるものです。

（＊編集注　第二次世界大戦における犠牲者数には諸説あり、執筆者の原稿のままとしている）

7　幸せを根こそぎ奪い去られ

戦争体験者　渡邊紘子

一九四五(昭和二〇)年三月には、東京都本所区に住んでいました。父と母、国民学校六年生の私、五年生の弟、妹(当時三歳)、生まれたばかりの弟の六人家族でした。

戦争が激しくなると、私とすぐ下の弟は、千葉県の上総中川に集団疎開しましたが、私は卒業し、東京の両親の元に帰りました。三月九日、女学校の入試を控え、疎開先から帰ってきた私は久し振りに、二階の父の部屋で、枕を並べて寝ました。父は試験での注意事項を、私にアレコレと語りかけました。父と私の楽しい幸せな夜でした。明日からの希望を託していつの間にか寝入ってしまいました。

ただならぬ父の声に叩き起こされ、ズシーンズシーンという身体に震える音が不気味で、私は恐怖におびえました。真っ赤な火がすぐ近くに迫っていました。

私は一番下の赤ちゃんの茂雄を背負い、いつでも逃げられる少しばかりの荷物を持たされました。「これからおばあちゃんのところに逃げるんだよ。お母ちゃんから離れるな」との父の声に励まされ、三歳の妹の涼子を背負った母と茂雄を背負った私は、父より一足先に逃げることになりました。父は、防火義務のために、逃げることができなかったのです。その時、父は通帳と印鑑を母に手渡し、母はそれをお腹にしっかり巻いて私の手を取り、祖母のいる錦糸町をめざして家を後にしました。これが、父との今上の別れになってしまいました。私たちは、途中まで逃げたところで、祖母のところへはとてもたどり着けそうにないとわかりました。燃え狂う火の中、私は母に手を引かれ歩きました。この手を離したら私は死んでしまうと思い、必死でした。母も私の手をしっかり握って離しませんでした。熱い火の粉が私たちに降りかかり、行く手を遮りました。火によって、生暖かくなった防火用水の水を時々かぶりました。

母は幼い涼子をしっかりと背負い、茂雄を背負った私の手を引いて火の無いところ、火の少ないところへと逃げまわりました。火は風を呼び、時にはゴオーという燃え狂う紅蓮（ぐれん）の焔と熱い火の粉が私たちに降りかかり、行く手をさえぎろうとします。

水をかぶって湿らせた防空頭巾は、あっという間に乾いてしまいました。小学校の校庭にたどり着き、そこの防空壕に飛び込みましたがお粗末なもので、外の熱い火の粉が風にあおられて入り込み、やがて「ここに居てはあぶない。逃げろ!!」と叫びながら一人二人と外に飛び出して行き、私と母だけが取り残されました。母は、荷物を放り出して逃げて行った人たちの後にお位牌が二つ残されているのを見つけ、防空壕の入り口に並べて、「どうかこの子たちをおまもりください」と手を合わせ、「南無妙法蓮華経、南無妙法蓮華経、南無妙法蓮華経……」と必死にお題目を唱え続けました。そして、母は、誰かが置いて行った衣類で、防空壕の中に入り込む火の粉を必死で振り払っていました。

私は余りの怖さと熱さに防空壕の中で弟をおんぶしたまま、縮こまっておりました。

いったいどの位の時間が経過したのでしょうか。その間にいつの間にか外も静かになり、外が明るくなって来るのが分かりました。

「もう外も落ち着いたようだからいったん家に帰ろう」という母の言葉に私たちは外に出ました。余りにも変わり果てた外の様子に、呆然と立ちすくむばかりでした。

防空壕の入り口で、頑張って火の粉が入るのを防いでいた母の目は、真っ赤になって見えなくなってしまっていたので、今度は私が母の手を引いて歩きました。あちこちに、色んな人間の形をした奇妙な物体がいっぱい転がっているのが気になりました。真っ黒なものもあれば、クリーム色のマネキン人形のようなものもありました。真っ黒なものが黒こげになった遺体であり、マネキン人形のようなものがおそらく煙に巻かれて窒息死した遺体であることは、この当時の私にはわかりませんでした。

ようやく自分たちの家があった場所にたどり着いたとき、家はすっかり焼けただれ、何も残っていませんでした。焼け出され、親戚に世話になりました。茂雄は少し大きくなり笑うようになり、涼子はお茶目でラジオで聞いた唱歌『お山の杉の子』を可愛らしい仕草で私に教えてくれました。〝昔々その昔、しいのきばやしのすぐそばに小さな小山があったとさあ、あったとさあ〟。

ところが、私の家族は、再び地獄の底に突き落とされました。千葉の空襲、一九四五(昭和二〇)年七月七日のことでした。母が「茂雄ちゃんは赤ちゃんだから、お姉ちゃんは何があってもかばうんだよ」と私に言い聞かせました。私は、何があっても茂雄は絶対守るんだと強く心に誓い、母と二人で海を目指して駆け出しました。しばらくすると、何の遮蔽物もない海岸で、機銃掃射が私たちに向かって一斉に放たれました。

　必死で弾の嵐の中を逃げ惑いました。私が手をケガし、背中から茂雄を下ろすと、茂雄は、機銃掃射の直撃を頭に受け、頭なのか顔なのか分からなく、まるでザクロのようになっていました。茂雄は、泣き声一つあげることもできず、小さな身体いっぱいの鮮血を私の背中に残して死んでいました。私は、茂雄を半纏でしっかりくるみ、他の人に踏まれないように周りを囲み、その上に茂雄を置いて、また襲って来る機銃掃射の恐怖の中を逃げました。母は自分の腰に回した手が血だらけになっていました。母がおんぶしていた涼子も、機銃掃射の弾を受け、母の背中で静かになっていたのです。母と私は、ただ夢中で家のある方へと向かい、母は血だらけの涼子を畳の上におろし、砂場に置いてきた茂雄を取り戻しに、裸足のまま家を飛び出してゆきました。私はただ涼子の手を握りしめるばかりで、時間は、そのまま止まっていました。母が小さな荷物のように抱きしめた茂雄を抱えて、涼子の名を呼びながら飛び込んで来ました。涼子は母を待っていたかのように、「ちゃあちゃん、ポンポンが痛いよ」苦しい息の中からの最後の言葉でした。

　私たちの幸せを根こそぎ奪ってしまったあの戦争を、私は許すことができません。貧乏には打ち勝ってゆく自信はありました。しかしながら、戦争での辛い体験は、死ぬまで背負ってゆかなければならないという現実に疲れています。父、妹、弟の死が無駄死にではなかったと、国の偉い方に言ってほしいと思います。これは、日本だけではなく、他国でも同じです。同じ人間がみな苦しむのです。私は、この国の政府が、戦争をしていいと判断した時から、再びあの苦しみにさいなまれています。

8 連なり歩く被爆者の列
誰一人まともに生きてなかった

被爆者 **牟田満子**

長崎に原爆が落とされたとき、私は九歳でした。爆心地となった浦上の東にある山を越えた、西山町というところに住んでいました。家族は、祖父母と脊髄カリエスで寝たきりの父と母、そして私が長女で四姉妹の八人家族でした。

八月九日のことはよく覚えています。この日、母は一歳半の一番下の妹を背負って、父の薬をもらいに爆心地となる浦上の病院に出掛けていきました。空襲でなかなか薬をもらいに行けず、薬がなくなってしまったので「今のうちに行ってくる」と、山を越えて行きました。

私は、夏休み中でしたが、同級生一二、三人と一緒に公民館で、先生も来て下さって自習をしていました。ピカーッと光って窓から外をみると、外は一面真っ黄色でした。外に明るい電気がついたみたいでした。防空頭巾をとる間もなく、爆風で窓ガラスが全部割れて落ちて、ガラスがみんなにささりました。子どもたちは皆泣いていました。私も顔とかにあちこち刺さりました。みんな血まみれでした。私は、防空壕で簡単な手当をしてもらい、家に帰りました。

帰ってみると、家は屋根瓦が飛んで、見上げると空が見える状態でした。

家の外の様子は、異様なものでした。焼けただれた人たちがぞろぞろと数珠つなぎになって、爆心地の浦上から東の山の方へ逃れ、金比羅山の峠を越えて西山町へと歩いて来たのです。すり鉢状の爆心地浦上は火の海になり、そこを逃げて山越えをして来た人の数は数えられるようなものではなく、この列が、いつまで続いたかは記憶にありません。

歩いてくる人たちは、まともに生きていた人は一人もいませんでした。皮膚がずるっとめくれて剝け、ぴらぴらしていました。服の布も皮膚にくっついて、一緒になってぴらぴらとしていました。靴など履いてはいないで、皆裸足でした。この浦上から無残な被爆者の帯は、映像になって脳裏にこびりついて、一生忘れられません。

みんな「水を下さい」「水を下さい」と口々に求めてきました。私は何も恐く感じませんでした。感覚が麻痺してしまっていたのだと思います。私は一生懸命に家の井戸の釣瓶に水を入れて、そのまま水をあげましたが、近所のおばさんから「水飲ませたらいかんよ。死んでしまう」と言われてやめました。あとで、飲ませてあげればよかったと後悔しました。

死体は、学校の校庭で、どんどん荼毘に付されていました。においは煙と一緒に上がって来て、何日も続き、また街が焼けたにおいも上がってきました。

浦上の病院へ行った母と一番下の妹を、祖父母は毎日毎日探しに行きました。私は、今日は見つかるかもしれないと心待ちにしました。でも、来る日も来る日も見つからず、やがて祖父母もあきらめ、代わりに、大学病院の近くの灰を持って帰ることにしました。母が帰ってこなかったことはとても悲しかったことを、今でもはっきり覚えております。

終戦は、一五日に、家にあった小さなラジオで聞いて知りました。父は、原爆の翌年亡くなりました。

私は、戦争さえ、原爆さえなかったらと何度も思いました。親が亡くなった寂しさと、長女として家事の負担や農業を支えなければならず、学校に行けなかったことは辛かったです。また、被爆者だということでの差別がありました。「被爆しているから子どもが産めない」、「カタワが生まれる」ということも言われました。だから、原爆の被害については救済をして欲しいと思いながらも、大きな声では言えませんでした。

私は戦争を心から憎んでおります。私のこれまでの人生を踏みにじってきた戦争を許すことができません。

私は今の憲法になって、もう二度と戦争が起こることはないという安心感の中で過ごしてきました。海外で戦争が続いているのを聞くと、自分の体験を思い出し、かわいそうにと思っていました。

しかし、二〇一五年九月の安保法制の国会成立が強行されたのを目のあたりにし、こんな法律を作った政治家たちは口では平和を言いながら、戦争のことは何も分かっていません。一瞬にして一五万人もの死傷者を出した長崎原爆の恐怖を、私は今でも忘れることはできません。私たちを苦しめ続けた戦争と核兵器の被害は、長崎を最後にしてほしいと思います。今、戦争が起こって核兵器が使われたら、またまた何十万、何百万人という方が亡くなり、多くの方が被爆します。

絶対にあの悲劇は繰り返して欲しくないです。それをどうしても訴えたくて、私は長崎から東京へ参りました。裁判官の皆様、どうか私たち被爆者の思いを受け止めてください。

9　過ちは繰り返さない

服部道子　被爆者

私は、一九二九(昭和四)年に東京で生れました。私が長女で、父母と弟、妹の五人家族でした。父が軍属であったため、小学校五年生の時、広島へ転居しました。女学校に進んでから、国家総動員法に従って学徒動員となり、看護科を学び、女学校を繰り上げ卒業させられ、暁部隊教育船舶司令部一一六七部隊の軍医部に軍属として配属されました。その三カ月後に、地球史上初めての原子爆弾の投下で被爆しました。私は、一六歳で、五感をもって「あの日」のピカ・ドンを知ることになりました。非人道的な破壊と殺りくだけを目的とした原爆の本当の悲惨さを知る者の一人です。

私のいた軍医部は爆心地から三・五キロメートル離れていました。ピカの光とドンの音で、目・鼻・耳を指で押え、口を開いて「やられた、さよなら」との思いで地べたに伏せました。気を失ってしまい、「お姉ちゃん、お姉ちゃん」と肩を蹴られて意識が戻り、防空壕に誘導されました。大変な爆弾が落ちたことがわかり、周囲を見ると、軍兵舎はぺちゃんこに壊れ、大木も倒れ、瓦礫と化していました。中心街の方を見ると、火の海で、黒煙・白煙があがっていました。爆心地から二・五キロのわが家はどうなっているか、家族の安否が気になりました。私の周りの人たちは、ガラスが刺さったり、木が刺さったり、骨折したりで、うめき声、泣き声、怒鳴り声が飛び交い、恐怖で身体は震え、涙が止まりませんでした。しかし、私には傷一つなく、奇跡を授かったのです。同僚たちとはそれっきり再会することはありませんでした。

暫くすると、こちらを目指して、人の群れがやってきます。見ると、全員がヨロヨロと重い足取りです。軍医大尉の指示で、緊急に仮設救護所を作り、負傷者の手当をしました。被災者のほとんどが、身体全体が焼け焦げ、骨まで見え、頭髪はチリチリ、毬のように膨れた顔で、男女の区別もつかない程でした。治療の順番を、泣いたりわめいたりすることなく、じっと我慢して待っていました。お国の為だという教育を受けていたため、みんな歯を食いしばり、頑張ったのだと思います。着ている服はボロボロで、皮膚が垂れ下がっている人がほとんどでした。私は、恐怖でオロオロしていたら、軍医大尉から「そんなことで、銃後の守りができるか」と怒鳴られました。

父が手当を受け左手を吊って、母と弟と一緒に尋ねてくれました。お互いの無事を確認できたことで、勇気が出ました。私は、三日三晩寝ないで働きました。辛うじて手当可能な者だけが生き延びた感じです。兵隊と民間人とでは扱いが違いました。生きられると思われる者だけ、それも上官の順に、カンフル剤を投与したり、包帯を巻いたりと、差別しました。おかしいと疑問に感じながらも口にすることはできませんでした。

大火傷の患者は、高熱で脱水症状となり、「水・水・水」と要求します。水がないので、海水を脱脂綿に含ませて唇を拭ってあげると、「ああ美味しい……ありがとう」の一言で呼吸が止まることもありました。忘れられないのは、母親から赤ちゃんを「助けてください」と言われたので、背中の赤ちゃんを受け取ろうとしたところ、赤ちゃんの首がなく、「あっ、首がない」と口に出してしまったところ、その瞬間、母親が「ギャー」と言葉にならない悲鳴をあげてその場に倒れ、息絶えてしまいました。私は、冥福を祈ることしかできませんでした。

広島県人でない私たち家族は、九月一六日、復員兵と共に、広島を離れました。東京の蒲田にあった家が焼失していたため、縁者を頼って、青森県・宮城県へ行きました。やがて父は、髪の毛が抜け、身体に斑点が出たり、下血・吐血したりして、八カ月後の昭和二一(一九四六)年四月一九日に死亡しました。原爆被爆病だったと知る由もありませんでした。

父の死後、家族の生活は私の肩にかかり、体調悪化に苦しみながら福島で二年間代用教員をしました。村八分にされ、ブラブラ病に悩まされ、嘔吐、下痢、日夜の怯えに苦しみました。医者にもわからず、チフスかコレラ、結核ではないか、隔離しなければいけないなどと言われました。広島に留まった方が良かったのではないかと、後悔したこともあります。

当時は、原爆症に関する正しい報道は一切ありませんでした。語ることも訴えることもできず、一、二年間ほどは特に辛く、二回も死を考えたことがありました。

しかし、私は、奇跡的に助かった生命、今日ある私、「あの日」亡くなった人たちの分まで強く生き、体験をいろいろな形で継承したいと望むようになりました。

核被爆者は日本だけのことではありません。アメリカ、ロシアなど核保有国の実験場で、ボスニア、コソボ、湾岸戦争のイラク、アフガニスタンで劣化ウラン弾により帰還兵や現地の人々が被害を受けています。マーシャル諸島ポリネシア、カザフスタンなど地球上には沢山の核被爆者がいます。でも、あまり知られていません。報道を拒むからです。

わが国は、戦後七一年、何事もなく、日本人が海外で一人の生命も戦争のために殺したり、殺されたりしていません。それは憲法九条があるからです。

私は、幸い八七年間、間もなく八八歳ですが、生き抜いてきました。今でも、「あの日」のことは、ひと時も忘れることはありません。

二〇一五年の九月一九日に、集団的自衛権の行使を認める安保関連法が強行採決され、二〇一六年三月二九日に施行されました。何のために広島・長崎の悲惨な被害を受けたのでしょうか。「安らかに眠って下さい、過ちは繰返しませぬから」という文字が広島平和記念公園の原爆死没者慰霊碑に刻まれています。わが国の政府は過去の反省が足りず、過ちを繰り返すのではないかと心配でなりません。原爆の悲惨な情景が思い起され、胸が苦しくなります。

私は、現在も埼玉県原爆被害者協議会(「しらさぎ会」)の理事の一人として、核兵器廃絶の運動に力を尽くしています。戦争、核兵器の再使用に繋がる、違憲の安保法制法の廃止を心から願っています。

10 地獄絵図の戦場

シベリア抑留者
猪熊得郎

私は昭和三(一九二八)年九月東京中央区日本橋生まれで、現在八七歳になります。昭和一九(一九四四)年四月中学卒業後、志願し陸軍特別幹部候補生航空通信兵対空無線隊要員として、水戸の陸軍通信航空学校に一五歳で入隊しました。教育が短縮され、昭和一九年一二月に、第一線に向かうことになりました。

昭和二〇年二月、水戸に待機していた際、初めて機銃掃射にあったのです。あれは恐ろしかったです。「天皇陛下万歳」ではなく、みんな「お母さん」と言って死んでいきます。近づいてくる機銃掃射から逃げながら、自分は母親も死んでいたので、何て言って死ぬか考えていたことを覚えています。

二日間で戦友一一名が亡くなりました。バラバラになった死体を集めながら、これは大変なことだと思い知り、それまでは早く戦地に行き勲章をもらい親を喜ばせたいと思っていましたが、それまでの華やかな夢は吹き飛びました。とにかく敵を殺さなければ自分が殺されるのだと。それから戦争に対する考え方が変わりました。この時のことは今でも忘れられません。戦争は手柄や勲章など、そんなものではない。生きるためには敵を殺さなければ自分が殺されるのです。

その後中国満州へ渡ることになります。

昭和二〇年八月七日ソ連が侵入してきました。関東軍は最後の一兵まで戦うとの訓示で集められ、昭和二〇年八月九日、みんなと特攻隊と同じように水杯を酌み交わしたのを憶えています。戦闘配置につき、満州の各地域に散らばりました。私は公主領飛行場に入りました。これは最後の戦闘だと腹を決めました。

八月一六日に電報が入り、武器台帳・人員名簿・食料台帳を残して全ての書類を焼却せよとの指令が関東軍から入ってきました。戦争は八月一五日に終わってなんかいません。八月一七日に停戦命令が入り、これで負けたのだと思いました。戦争は八月一五日に終わってなんかいません。国民党軍と八路軍両方のゲリラが日本人に対し深い恨みをもっていますので、中国にいた日本人は大変だったのです。そのような中でシベリア抑留が始まるのです。

貨物列車がでる、日本に帰るそうだ、と無我夢中で乗りました。しかしどうも北へ向かっていく。だんだん寒くなっていく。飛んでいたハエが寒くなって落ちてくる。内地へ帰るのではないとわかってきました。止まったところは黒竜江のある町でした。一キロくらい先にソ連が見える。生きて帰れるのは一〇〇〇に一つ。昭和二〇年九月六日、一九歳の誕生日でした。

三日間順番待ちで川のほとりにいました。船で川をわたり汽車に乗りシベリア鉄道、シワキという町へ行きました。中国東北部の一番北のはずれから五〇キロほど北へ入ったところです。その収容所へ入りました。捕虜生活は八時間労働。冬の月は平均気温がマイナス三二度。マイナス三〇度を超したら作業中止ということになっていたようですが、中止されたことはありませんでした。昼食はパン三〇〇グラムを持っていくが凍っています。貨物列車への材木の積み込み、積み下ろしが主な仕事でした。その他道路工事、線路工事、鉄道工事、農作業がありました。それよりも、一一月から二月の冬の寒さが大変でした。抑留者全体では一〇人に一人亡くなっているそうですが、私のところでは六人に一人が亡くなりました。中央アジア方面に抑留されたものは重労働でも寒さがないため、ほとんど死んでいません。死ぬと医務室の前に死体が並べられるのですが、朝までに衣服がはぎとられ、ロシア人のパンと変わっています。凍っているため、五〇センチ掘るのがやっとの中に死体を埋めました。夏になると山犬が掘りかき回します。

これがシベリア抑留の実態です。戦友が下痢すると喜ぶ。飯が食える。助け合うなんて嘘です。誰かが死ぬと形見分けする。危篤から帰ってくると部屋には何もないということもありました。そうでもしなければ生きていけなかったのです。どうやったら日本の土が踏めるか。どうやったら家族に会えるか。それしか考えません。少年兵がどんどん死んでいく。将校たちは腹いっぱい食べている。何でこんなに戦争というのは不条理なのか。誰が悪いのか。一九四七年頃から考え始めました。誘い水になったのが日本の新聞で、生きるため、食べ物のための反軍闘争が起きました。誰の指令でもなく起きたのです。

一九四七年一二月、日本に帰ってきました。実家は空襲で焼けてなくなってしまっていたのです。五人兄弟の四番目の兄も、一八歳で人間魚雷で戦死していました。

食べることで精いっぱいで、シベリア帰りだと就職もできず、少年兵だったこともあり軍国主義者と言われ、シベリア帰りは黙って隠していました。二、三年は経歴を隠すしかありませんでした。その後ガス配管や水道配管の仕事をしたりして生きてきました。数十年前からシベリア抑留者への補償の運動や、パリ不戦条約に基づいて一九八八年に組織された不戦兵士市民会の運動などにもかかわってきました。

戦争を知らない無邪気な者たちが、戦争ごっこのつもりで違憲の法律をつくったり、平気で平和のため、戦争法でない、殺し殺されるようなものでないと嘘を吐いて、安全保障法制は正しいと言っているのです。戦争の悲惨さ、むごたらしさを全然知らない若い政治家が戦争のことをこのように考えていることに一番の問題があり、腹立たしく、また切なく思っています。だから簡単に戦争の準備をする。その結果がどうなるかということに思いをいたすことができない。何が起こるのか、どうなるのか、どんな苦しみが舞い降りてくるのか、何の心構えも準備もなく、戦争に飛び込んでいく。戦争に陥ってから初めて慌てふためく。切迫感が薄い。最初は忍び足で足音がだんだん大きくなっていること。気づいてからでは遅い。これは今までの私の戦争体験からくる確信なのです。

今生き残った者として、地獄絵図の戦場体験と暗い谷間の時代を生き抜き、「二度と戦争だけは繰り返してはならない！」との気持ちで、残された人生を死力を尽くしてこの裁判でも頑張りたいと思っています。

その意味でも「自衛隊を絶対に出動させてはなりません」。

私の人格をズタズタにした戦争体験。二度と戦争だけは繰り返してはならない。被告・国に対して、ぜひ裁判官には歴史的責任を果たしていただきたくお願いいたします。

11　憲兵だった父の遺言

戦争被害者家族
倉橋綾子

私は終戦の二年後、群馬県の農村に三人兄妹の末子として生まれました。戦争中父は憲兵、母は従軍看護婦として中国へ行っていました。引き揚げ後、両親は村で洋品店を開き懸命に働いたので店は繁盛しました。

そのおかげもあって私は大学に進学することができ、都内の中学校の社会科教師になりました。正義感の強い父から「日本の起こした戦争は大きな間違いだった」と聞かされて育ったこともあり、「日中戦争」「アジア太平洋戦争」の歴史の授業にも真剣に取り組みました。

やがて一九八六年の春、父が長い間患っていた肝硬変で亡くなりました(七一歳)。その二、三日前、父は枕元から次のように書かれた紙切れを取り出し、「これを墓に刻んでくれ」と言いました。

「旧軍隊勤務十二年八ケ月、其間十年、在中国陸軍下級幹部(元憲兵准尉)として、天津、北京、山西省、臨汾、運城、旧満州、東寧、等の憲兵隊に勤務。侵略戦争に参加、中国人民に対し為したる行為は申し訳なく、只管お詫び申し上げます」

しかし家を継いだ次兄と伯父の反対で願いはかなわず、そのままになりました。

四年後、体をこわし退職した私は父の謝罪の遺言の裏には何があったのか、知りたくなりました。私が幼い頃「中国人は正直だ」とほめ、簡単な中国語を教えてくれたりしたので、父は良い憲兵だったろうという思い込みが揺らいだのです。何をやったのか、伯父や親戚に聞いてもわかりません。防衛庁の防衛研究所の図書館に出向いても何も進展せず、やがてある人から借りた「新全国憲友名簿」(全国憲友会連合会)をもとにようやく東寧の憲兵隊の上司を探し当て、話を聞きに出かけました。しかし年老いた分遣隊長夫妻は懐かしがって涙を流しはしても、具体的なことは話してくれませんでした。

その頃私は『私たちは中国でなにをしたか――元日本人戦犯の記録』(一九九五年、新風書房)を読み、衝撃を受けました。自分たちの中国人への残虐行為を赤裸々に告白し、心底悔いていたからです。

やがて次兄が亡くなり、跡を継いだ甥の賛成を得て、遺言を墓碑に刻むことができました。一個の人間として戦争責任を引き受けた父の遺志を、一二年後に実行でき、ほっとしました。そして二〇〇〇年の春と夏、南京の虐殺記念館や北京の抗日戦争記念館に父の謝罪を伝えると、たいそう喜んでもらえました。

秋には知人の案内で東寧の分遣隊があった石門子村へ行き、長老の郭慶士さんの家で父の憲兵姿の写真を見せ、謝罪を伝えました。「こんな遠い所まで娘がよく訪ねてくれた」と喜び、「あなたのお父さんが悪いのではない。戦争を指導した者が悪いのだ」となぐさめてくれました。またここで「慰安婦」にされた、李鳳雲さん、李光子さん、金淑蘭さんら三人の朝鮮人女性にも会うことができ、彼女らの過酷な人生に涙しました。

二〇〇五年には、東寧の人民政府から「抗日戦争勝利六〇周年記念シンポジウム」に招かれ、父の謝罪を伝えました。大勢の記者たちから「あなたのお父さんのような率直な謝罪が、どんなに我々の心を癒してくれることか」と言われました。ちょうど小泉純一郎総理の靖国参拝が大きな反発を招いていた時期だったのです。

このあと、当時の日本軍がソ連との戦いに備えて築いた巨大な東寧要塞や、遠く西のハイラルの要塞にも足を伸ばして、強制労働で死亡した多くの中国人のことを知りました。またハルピンでは九・一八柳条湖事件記念イベントの、熱のこもった大掛かりなリハーサルを見て、自分が日本人だと知られるのが怖くなりました。七三一部隊跡の陳列館では細菌・毒ガス兵器や人体実験などの展示を見ました。これらの恐ろしい実験や研究にたずさわった医師たちは、どんな気持ちでいたのでしょうか。彼らの戦後はどんな人生だったのでしょうか。

日本は島国ゆえ海を越えなければ、侵略された側の被害の甚大さを感じ取る機会がありません。被害者側は少しも忘れてはいないのでした。ここ三〇年の間、日本の侵略戦争に否応なく向き合う中で、私は戦争の加害面をも学ぶ小さな会(山猫くらぶ)を友人たちと続けてきました。日本中の町や村に、被害も加害も学べる小さな会があればいいのに、と思ったからです。また、中国で「慰安婦」にされた女性たちの医療・生活を支援する会や、日本軍が遺棄した毒ガス兵器の被害者を支援する会、平和を守るための市民活動など、様々な運動に関わってきたのです。

それからもう一点、目には見えぬ「戦争の後遺症」が我が家に影を落としました。父が長い間家族を執拗に圧迫したことです。我が家では母が自死し、それから十数年後次兄も自死しました。二人とも病はあっても、まだ十分生きられるはずでした。家族の自死にたまりかねた私はカウンセリングを受けました。

そのなかでわかってきたことは、父は相手の欠点や抱える問題ばかりを責め立てるなかで、自身の抱える罪からおのずと目をそらせてきたのではなかったか、ということです。「親の代の表にあらわれない感情やエネルギーは、表に出して光を当てられないと、子の代、孫の代まで重く裏に抱え込むことになるでしょう」とカウンセラーは言いました。

戦争とは物や命の破壊どころか、人間の心を蝕み、後遺症をもたらす恐ろしいものです。そればかりか国や社会においても、隠して表に出そうとしない(加害の)問題は、孫子の代まで重く裏に抱え込むことになりました。我が国はいつになったら被害を受けたアジアの国々と、心おきなく仲良くつきあえるのでしょうか。

私が危惧するのは、戦争は二度と起こさないと誓ったはずの日本が、再び加害国になってしまうことです。米軍と一体化して作戦に参加する自衛隊員が、殺されるのはもとより、他国の国民や兵士まで殺さざるを得なくなることです。私の父と同じように、人に語れず一生自責の念を抱え苦しむ隊員が出ることです。

安保法制からは戦争しか生まれません。私は平和を創り出したいです。

何よりも、中国とは二度と戦争にならないよう強く願っております。

12 自民改憲草案の地盤固めか

戦争体験者
横田幸子（さちこ）

私は、第二次世界大戦の始まった年、小学校三年生でした。住んでいたところは、直接的には戦禍に見舞われなかった埼玉県の小さな町です。しかし、学校体制は、国民学校となり、戦時教育の中におかれました。私にとっては、戦争の苦しみは専ら精神的なものでした。

キリスト教の出張伝道によってできた教会に、母と共に参加していました。が、戦争開始となって、牧師は引きあげ、教会は閉鎖されます。それまで馴染んできた「目には見えない創造主なる神」信仰による「人類共存」の価値観と、「天皇を神として崇め仕える」日本人固有の価値観の違いに悩まざるをえませんでした。たとえば「鬼畜米英」のスローガンにためらい、時々、朝礼で行われる竹槍訓練には、怖ろしさを想像して失神したりしました。月二回、神社参拝での「戦勝祈願」には、ひそかに「戦争が終わるように」と祈り続けました。先生や友だちとの心の置きどころのちがいは、子どもなりに、葛藤せずにはおれない日々であったのです。

一九四五年八月一五日の玉音放送は、近所の人たちが我が家に集まって一緒に聞きました。六年生の私には、何を言っているのか聞きとれませんでしたが、父がひとこと「幸子、戦争が終わったよ」。その声の響きの明るさがいまだに忘れられません。

やがて「あたらしい憲法」発布で、何よりも戦争永久放棄の条項だけが心を占め、安心した日々が備えられ、活発な女学生時代(三年に新制中学に)を過ごしました。

しかし、一九五〇年、新制高校二年生の時に朝鮮動乱勃発。その間、広島、長崎の原水爆投下の状況の本を読んだり、満州帰りの友だちの話を聞いたりして、戦争の闇が心の中に広がるようになります。続いてベトナム戦争。日本を基地にしての米軍の戦争に日本が巻きこまれて行くのではないか、という不安におののくようになって、人間の歴史、世界は、戦争をなくすことが出来ないのか、という重たい問いが、私の精神の底流になってしまいました。

今、現在、日米安保体制の新たな段階に入り、戦争の足音が身近に聞こえてきます。それは、とりもなおさず「平和共存」を切望する、私の存在そのものが否定されるということなのでしょうか。憲法の主張する存在権・人格権の侵害に妥当すると思えた時、この「侵害」を取り除きたいとの願いをもって、この訴訟に参加しました。

九九条の「天皇(中略)国会議員、裁判官その他の公務員は、この憲法を尊重し擁護する義務を負ふ」という条項は、機能しているのだろうか、と、私は長い間疑問をもち続けてきております。とりわけ、裁判問題についてです。私の記憶としては、東京の砂川基地訴訟、山口県の護国神社合祀取り消し訴訟、愛知県の自衛隊派遣違憲訴訟など、堂々たる憲法理論を踏まえての勝訴でしたが、ほとんどは上級裁判でくつがえされたのではなかったでしょうか。

裁判官諸氏の憲法理解の違いもありますが、それ以上に、日米地位協定が憲法よりも先行している行政への、より添いの有無の違いのように思われました。

さらに、二〇一六年一二月の沖縄における、辺野古に新基地をつくるための海の埋め立て工事をめぐる、県と国との地裁訴訟では、国側の勝利をそのまま最高裁が認めるという暴挙に唖然としました。近代、諸国家で定着している三権分立は、日本においては通用しないと言うことなのでしょうか。それとも、沖縄は「日本の植民地」とでも言うのでしょうか。沖縄は、第二次世界大戦中、本土に代わって地上戦を担い、以後、占領国米軍を支えざるをえない仕組みの中におかれてきました。今また、差別言辞を投げつけられながら、米軍の新基地作りに抵抗し続けている沖縄県民は、日米地位協定の束縛を知りつつ、しかし、「日本国民」として再出発できた憲法九条一、二項の「法」を基盤にしているのです。美しい海と森を子子孫孫にと身を呈して闘っているのです。自衛隊の武器使用も辞さない安保法制は、戦争をし続けている米軍と同じ身分になります。日本国の軍隊誕生を先取りしているということではありませんか。自民党提案の「改憲」の地盤固めと言えるでしょう。憲法に対する本末転倒の態度です。

しかし、だからこそ、現時点における違憲訴訟に対して、裁判官としての熟慮が問われもし、期待されるのではないでしょうか。

ここ数年、「世界が閉じられていく流れ」のようなものが感じられますけれど、世界諸国の「平和共存」への希望が断ち切られることはないでしょう。二七国と聞いている、軍隊をもたない小国家群が地球上に存在しています。日本国憲法九条を「頼り」にしているとも聞いています。

また、米国人ジャン・ユンカーマンの映画『日本国憲法』(二〇〇五年)は世界の心ある人たちのインタビュー形式で、九条の意義が語られています。まとめて言うなら、「九条は世界を導く道標であり、日本がさきがけとなるべき」と語られています。

「平和憲法」を支点として、世界を拓いていく道筋を、先ず、こうして声を挙げている市井の者たちと、司法を担う裁判官諸氏が歩みを共にして行くというイメージをもつことが許されるでしょうか。将来的には、「平和」を「実態化していく国連」へとつながって行くのであろうと遠望いたします。

司法に携わる裁判官の皆様に、日本の「平和憲法」に固執して下さるよう、心からお願いいたします。

13 被爆三世の立場から

太田久美子 弁護士

私は、長崎における本件訴訟の訴訟代理人の一人である弁護士の太田久美子です。

私は、被爆三世として、原爆落下中心地から徒歩数分の場所で育ちました。私からは、被爆三世として、そして、被爆地長崎に生まれ育った者として意見を述べさせていただきます。

私の両親は、父母ともに被爆二世です。父方の祖母は長崎で被爆し、母方の祖父母は広島で被爆しました。

また、父方の祖父は、昭和二〇(一九四五)年当時、獣医将校として中国に赴任していたため、自身は被爆せずにすみましたが、長崎への原爆投下により、当時、長崎に残していた両親、(当時の)妻、四人の子どもたち、妹二人のうち、大学病院で被爆した妹一人を除いて、すべての家族を亡くしました。帰国後、家も家族も、すべてを失った現実を目の当たりにした祖父の気持ちがどのようなものであったのか、私には想像すらできません。

戦後、母方の祖母は、被爆による体調不良で苦しみ、母は、祖母と一緒に暮らすこともできず、幼い頃から親戚の家に預けられていたそうです。結局、祖母は、昭和三二(一九五七)年、四〇代前半で亡くなりました。

このように、戦争とは、原爆とは、その瞬間、そこにある生命を奪うのみならず、その後の家族のあたたかな生活や当たり前の日常さえも奪ってしまうものなのです。

また、私は、被爆地長崎の浦上地区に生まれ育った者として、小学校、中学校と、毎週のように平和学習を受けていました。

小学生の頃には、何度も、長崎原爆資料館へ社会科見学に行きました。小学生の私は、ただただ怖くて、展示されている写真等を直視することができませんでした。

中学生の頃には、特攻隊の予備隊を三度経験されたという方からお話を伺いました。予備隊とは、飛行機の故障等によって攻撃を続行できない特攻機が出た場合に、その機に代わって、その場で特攻隊に加わるという役割を担った隊員のことです。自分が助かれば友人が死に、友人が死なずに済むときには、自分が死にに行かねばならない――、出撃後、その明暗を分ける地点までの飛行時間は、自分の命がどうなるのかわからない、自分が助かりたいと願うことは友人の死を望むことになってしまう、そのような苦悩に苛まれた、本当に苦しい時間だったと、その方は話してくださいました。自分なら発狂してしまうのではないかと、子どもながらに思ったことを覚えています。

他にも、授業で、空襲では爆風で目玉が飛び出すことがあるので、目と耳と鼻を同時に指で押さえながらしゃがむよう指導されていたと教わったこともありました。私は、この話を聞いたとき、とても怖くて、大人になった今でも、夏のよく晴れた日に大きめの飛行音が聞こえると「今、もし爆弾が落ちてきたらどうしよう」と、とても怖くなることがあります。

また、被爆二世の方々が、結婚等の際、差別を受けていたことも学習しました。

このように、私は、幼い頃から、あたりまえのこととして、戦争について学んできました。しかし、大学へ進学したとき、県外では、原爆がいつ落とされたのか、その日にちさえ知らない人がほとんどであるという事実に大変ショックを受けました。また、東日本大震災で原発事故が起き、福島から避難した人々が、避難先で、いじめや嫌がらせを受けているというニュースを耳にしたときは、「過去の事実」であると思っていた放射線被爆者に対する偏見が、今も存在するのだと愕然としました。

そして、二〇一五年九月一九日、国会で安全保障関連法案が強行採決され、成立しました。多くの国民が反対の声を上げたにもかかわらず、国は、その声を無視し、同法案を押し通したのです。

私は、平和学習や歴史の授業を通し、戦争は、始まるときにはあっという間に始まるもので、戦争への流れが一度流れ始めてしまえば、その流れを容易に止めることはできないのだと感じていました。だからこそ、今回の安全保障関連法の成立の仕方は、とても恐ろしいものだと感じています。

日本は、先の戦争における学びから、「国」ではなく、「国民」一人一人の声で動いていくことを決めたはずです。それにもかかわらず、戦争を始める口実となり得る法案を、国民の声を無視し、無理やり押し通して成立させるという、そのやり方は、まさに、有無を言わさず戦争への流れを作り出した戦前の日本の在り方と同じものです。

過去の戦争から学ぶことをしなければ、同じ過ちは繰り返されます。戦前と同じような、気付いたときには誰も止めることができない、そんな戦争への流れは、止められるうちに止めないと、あとで、きっと大変なことになってしまいます。

今回、原告となっている被爆者の方々も、同じような思いを抱かれたからこそ、国の政策に立ち向かうことを決意されました。私は、代理人として、その想いを実現すべく、今、ここに立っています。

私たちには、二度と戦争に脅かされず、「戦争は嫌だ」と感じたり、それを口に出したりすることを邪魔されずに生きていく権利があるはずです。私たちには、家族や友人との時間を大切にしながら、自分に与えられた生命を全うする自由があるはずです。今回の安全保障関連法の成立は、これらの権利や自由を奪ってしまう、決して踏み出してはいけない、最初の、大きな一歩だと思います。戦争は「過去の歴史」のままにしなくてはなりません。

日本国憲法は、戦争を放棄し、また、国民に対し、健康で最低限度の生活を営む権利を保障することで、私たちが、平和に生存していく権利を保障しています。この権利を脅かす法律を「有効」とする余地はありません。

裁判所が、憲法に保障された人権を守る最後の砦となることを願っています。

14 戦争は経験したくありません

松本悠梨花 大学生

私は、一九九五(平成七)年に生まれました。三人きょうだいの長女で、妹と弟がいます。大学では人間社会学部スポーツ科学科に所属して学んでいます。部活はサッカーをしています。スポーツが好きで、他にも水泳と陸上を経験しました。将来は中学校か高校の体育の先生になりたいと考えています。

私が、戦争や平和について感じ、考え始めたのは、小学生の時に東松山市の平和資料館に行ったことがきっかけです。特に印象に残っているのは、空襲を体験できるコーナーです。ここは、当時の学校の教室が再現されており、近くに防空壕も再現されています。そこでは、教室で当時の授業の映像が流れ、途中で空襲警報が鳴り、防空壕へ逃げる体験ができます。私は、当時、祖父母や他の戦争経験者の人たちの話を聞いたり、戦争に関する本を読んで、空襲の時に爆弾が落ちてきて人が死んだり、避難するために防空壕へ逃げたということを知っていました。そのため、当時は、天井から爆弾が落ちてくるのではないか、体験中に死んだらどうしようという、ありもしない恐怖が勝り、私は、外から家族や他の人たちが体験しているのを見ていました。

これをきっかけに戦争は絶対に経験したくないという気持ちが生まれ、平和であることがどれだけ良いか実感することができました。

新安保法制の問題については、祖母や母との間でも話題にし、高校の授業でも取り上げられ、憲法に違反すると考えるようになりました。日本国憲法には、安保法制（以下「新法制」とします）を認めるようなことは書かれておらず、むしろ、前文や九条に書かれているように、戦争や軍事力を否定するようなことしか書かれていません。他の問題点は、国会の中では、命が関わってくる問題だということが見えてきません。日本を守るとは言っても領土や国益を守ることしか言われておらず、自衛隊を含めた国民の命は形だけとなっており、相手の命についてはほとんど考えられていません。それから、安倍政権は独自の解釈や口実作り、パフォーマンス等をして、いかにして進めるかということしか考えていません。集団的自衛権は今までの政府見解をひっくり返しました。憲法によって守られていると思われた平和主義が壊されると、これから先どうなるのかと不安に思い、国会前のデモや集会に参加しました。

ところが、多くの反対意見を無視して、国会は衆議院でも参議院でも強行採決に踏み切り、新法制を成立させてしまいました。このことに失望と怒りを感じました。

軍隊がないからこそできる国際平和への貢献のやり方があると思うのですが、新法制では自らそれを放棄してしまいました。しかも、憲法を守らなければならない立場の国会議員によって、違憲である新法制が可決されてしまったのです。納得のいく説明、答弁がないまま、都合の良い解釈を作ったりしていますが、まともに憲法を読めば、新法制の中身を認めるようなことは憲法に書かれていません。戦争をするようなことにはならないと政府は言っていますが、新法制の中身を読むと戦争するようにしか思えません。

このように、問題点しかないような新法制がそのまま成立、施行されたことで、この先、日本がどうなってしまうのか不安でなりません。新法制によって、参加しなくても良い戦争に巻き込まれたり、それによって相手国や犠牲者の遺族から恨まれたりして、テロが起きる可能性があります。また、参考人の憲法学者が違憲だと明言したのに、そのまま新法制が成立されたことに、憲法を根本からひっくり返すような政治家がいつ出てきてもおかしくないと感じました。私は、今回の新法制が成立するまでの過程で、憲法が今まで私たち国民をどれだけ守ってきたかということを改めて感じ、今回それが崩されたと感じました。私たちは、安心して日々の生活を送れなくなってしまいます。平和資料館で感じた恐怖が現実のものになってしまったらどうしようという不安でいっぱいです。いや、実際に戦争が起こってしまえば、そこで感じた以上の恐怖があるのでしょう。そう考えると生きた心地がしません。また、戦争になれば家族や友人などが一気に死んでしまうこともあります。そうなってしまう怖さもあります。そして、今まで世界が平和になっていくために日本がとった非武装という手段で世界が平和になっていく歩みを、徐々に武装を重装備化していくことで、また日本が戦争という道へ歩み始めているのではないか、いつになったら本当の世界の平和が訪れるのか、世界が平和になる日がまた遠ざかったのではないかという悶々とした日々を送っています。

新法制は廃止にし、軍隊のない日本だからこそできる国際貢献をしていくべきだと考えます。今だけの日本や世界の安定・平和ではありません。五〇年、一〇〇年、その先のことをもっと考えてほしいです。道のりは長いかもしれないですが、世界から軍事力が無くなれば戦争やテロが起こらなくなり、私も含めみんなが安心して日々を過ごすことができると考えます。

違憲である新法制に反対だということを、多くの人たちがデモや署名などをしたり、参考人として呼ばれた憲法学者の人たちが違憲だということを明言したにもかかわらず強行採決され、日本国憲法が形骸化されようとしています。そこで、「憲法の番人」と呼ばれる裁判官の人たちに最後の望みをつなげようと考えました。三権の一つである司法が出す判断は重いものです。違憲判断が出れば、いかなる理由でも廃止になります。もし、違憲判断が出ないということになれば、本当にこの国の憲法はあってないものになってしまいます。そして、日本が再び戦争への道を歩む危険がさらに大きくなってしまうのではないかと危惧しています。

第III章

脅かされる平和と市民生活

1 若者も感じる現実的不安

荒尾 歩 高校生

私は平成一一(一九九九)年に神奈川県横浜市で生まれました。六年前の東日本大震災が原因の福島原発事故により、幼少期から身体が弱かった私を案じた家族と相談して中学校二年生の時に横浜から自主避難*し、今は岡山市で生活をしています。

東日本大震災とそれに伴う福島原発事故が発生した当時、私は小学校五年生でした。事故直後は、「ただの爆発事故」という風にしか認識していませんでした。しかし、チェルノブイリ原発事故の画像や資料をみて、私の中に原発事故に対する恐怖心が芽生えはじめました。小学校の給食では一キログラムあたり二〇〇〇ベクレルの放射能が入った牛肉が出て、それを食べたこともありました。私が信頼していた学校の先生は放射能が危険ということはないと言っていましたが、その一方で両親や現在国会議員である芸能人だった方などは全く逆のことを言っていたので、何を信じていいのか、誰を信用すべきなのか分かりませんでした。また、放射能汚染で周辺住民にがん患者が増加するというニュースが報道される一方で、当時の自民党政調会長の「原発を利用しないのは無責任」という発言を聞き、腹が立ちました。

現在は、高校二年生です。将来は中学校の社会科の先生か、地方行政に関わる仕事に就くのが夢です。地方行政に興味を持ったのも、東日本大震災で被災した経験からです。当時私は横浜に住んでいたのですが、混雑する駅や停止する公共交通機関などをみて、都市計画の大事さを知りました。また被災した地方ごとの対応が異なることで、住民へ混乱が生じることを目の当たりにして、行政の仕組みへ興味を持ちました。大学へ進学し、視野を広げて行きたいと考えています。

私は、平和教育の一環として、戦争被害者から何度かお話を聞く機会がありました。横浜空襲の被災者である小学校のクラスメイトのおばあちゃんからは、「たくさんの焼夷弾が自分や家族に向かってきて、走って逃げる道にはすでに遺体が横たわっていた」と聞きました。私が今住んでいるこの岡山でも真夜中、普段なら寝ている時間に大空襲が起き、たくさんの方が亡くなりました。空から大量の爆弾が降ってくる恐怖はどれほどのものでしょうか。私だったら怖くて逃げることすらできないかもしれません。

私は日本国内で数多くの被害者を出しただけでなく、中国や韓国といった周辺国へ与えた被害を反省し、戦争を放棄する平和憲法を制定したと学びました。そしてそのことは正しく、世界に誇れることだと思っています。

私は福島原発事故で自主避難をした被災者としてデモに参加することがありました。また、安保法制法へ反対する住民運動やデモ活動に参加するようになり、新聞やニュースなどを見るようになりました。新聞やニュースで安保法制法の中身を知り、安倍首相の国会答弁などを聞くうちに、この法制度は大変なものだと考えるようになりました。

新安保法制法が制定されることで一番不安に思うのは、私自身を含む日本国民がテロの標的になることです。なぜなら新安保法制法は、アメリカが助けてくれと言えば、他国のために日本が戦争へ参加することになる法律です。相手国から見れば日本も戦争加害者です。日本国民がテロの標的になることは、普通に起こりうることだと思います。

また将来私が結婚して、子どもが産まれた時、結婚相手や子どもが戦地に行くかもしれないという不安もあります。私が結婚する相手や愛する子どもが戦争被害者だけではなく加害者にもなるというのは大きな恐怖です。安倍首相は日本国憲法には第一八条があるから、徴兵制の復活などあり得ないと答弁しています。しかし、これまで集団的自衛権は憲法上認められないとしていた政府見解を、何の手続も取らずに変更した人の言うことは信用出来ません。また自民党の有力者も、将来徴兵制があり得ないことではない、と話をしているとも聞いています。私の不安は漠然としたものではありません。将来あり得ることだと思います。

さらに、私は福島原発事故からの避難者です。仮に日本が集団的自衛権を行使したせいで、相手国から攻撃を受けるとすると、原発大国である日本は、市民への直接的なテロ攻撃ではなく、原発を狙って攻撃される危険は高いと思います。もし、伊方原発や島根原発が攻撃されれば、私たちはどうなるのでしょうか。岡山も福島のように、放射能の影響による健康被害や、突然死で亡くなる方も急増するかもしれません。それどころか、広島や長崎のように、多くの人へ重篤な被害が発生するかもしれないのです。そのようなことを考えるだけでも精神的な苦痛を伴います。広島や長崎、そして福島の過去を繰り返してはいけません。そのような危険を助長する新安保法制法は廃止すべきだと思います。

私は日本は、第二次世界大戦の反省や世界で唯一の戦争被爆国として、戦争を放棄し平和主義を貫く憲法を制定したと学びました。国民の大部分が日本国憲法に誇りを持っています。日本は戦争をする国になるのではなく、平和主義・専守防衛を堅持する国となるべきです。日本が果たすべき役割は、他の国のために戦争をすることではありません。二度と戦争はせず、戦争になるような外交はしないで、国家間でのもめ事は対話で解決するよう努力し、世界の見本となるべきなのです。

そのために、私たち若い世代が、新安保法制法などに関心を持ち、政治へ参加していくべきであると思いますし、終戦から七〇年が過ぎ戦争経験者の方がだんだんと少なくなる中でも、過去を忘れず未来を想って平和を維持することこそ、平和な時代に生まれた私たち若い世代の使命だと想います。

私たちが住む、この平和な日本、平和な岡山は、七〇年前の先祖たちが悲しみ苦しみ命を落とした後の世界だなんて感じさせません。その理由は戦後日本が過去の過ちを反省し、日本国憲法の下で平和主義国を作り上げてきたからだと想います。七〇年前に怖くて辛い思いをした人が沢山いたことを忘れてはいけません。

新安保法制法は日本が七〇年間ずっと守ってきた平和をぶち壊し、私たち国民を戦争被害者・加害者にさせるような法律であり、認めるわけにはいきません。

（＊編集注　関東地域からの自主避難）

2 原発が攻撃されたら

元原発技術者
小倉志郎

私は一九四一(昭和一六)年五月に生まれ、三歳の時に現在の大田区でB29による大空襲の真下にいました。たった一晩のことですが、いまだに我が家の地域が大火災になった光景が鮮明な記憶として残っています。

その後は、食料をはじめ物資の不足する中を、家族の努力のおかげで、無事に大学院(修士)までの教育を受けることができました。

一九六七(昭和四二)年四月に日本原子力事業株式会社(後に東芝に吸収合併される)に技術者として入社し、原子力発電所の建設に携わることになりました。まさに日本の高度成長期で、エネルギー資源の乏しい日本は、原子力発電所(以下、原発)の導入を始めたばかりで、先行する米国産業界とライセンス契約を結び、原発の技術を学ぶのに必死でした。私は最先端技術を学び、日本の安定したエネルギー源確保に貢献できることに生き甲斐を感じていました。

原子炉の炉心の安全を守るシステムに一三年かかわり、その後、柏崎刈羽原発一号機の建設現場で働きました。岩盤まで掘り下げた地面の上に、一個の巨大で複雑な原発が姿を現してくるのを目の当たりにして、圧倒される思いでした。ここで三年を過ごした後、既に稼働をしていた福島第二原発の現場に異動となり、原発の定期点検、修理工事、運転中の原発内のパトロールも行いました。パトロールは原子炉建屋、タービン建屋、屋外、中央制御室など人が近づける部分は全部観て回り、運転状態に異常がないことを自分の感覚を使って確認します。原発は一基でも一日では回りきれない大きさです。原発は海水温度や大気温度などに敏感に反応して、炉心の出力が変わり、建屋の空調設備の運転が周期的に変動するなど自動制御によって行われるために、現場にいると、原発が巨大な生き物であるかのような錯覚を覚えるほどでした。

二〇〇二(平成一四)年三月に定年退職をしました。高度成長期に仕事に埋没していた私は、自分が安全に、平和に生きることへの危機感など持たない生活を送ってきましたが、この間に、一九七九(昭和五四)年のスリーマイル島、一九八六(昭和六一)年にチェルノブイリ原発事故がおこり、原発が人間や生態系に想像を絶するような打撃を与えるものでありながら、あまりに脆弱(ぜいじゃく)なものであることを知りました。退職してからは、その危険性については強い危機感を抱くようになりました。そして、原発にかかわる仕事に携わった者の責任として、この国に、健康で安全に暮らせる環境を残さなくてはいけないという、強迫観念に近いような強い思いにとらわれるようになりました。季刊誌に「原発を並べて自衛戦争はできない」という論文を投稿したのは二〇〇七年のことでした。その内容は、①武力攻撃に対して脆弱な原発を海岸線に五〇基余りも並べた日本は、これを軍事力などでは守れない。②一たび原発が武力攻撃されたら、日本の土地は永久に人が住めない土地になり、再び人が住めるように戻る可能性がない、ということです。

この結論は、三・一一で震災による福島第一原発が大事故を起こしたことで証明されてしまいました。

原発は、ミサイルなどの巨額な兵器によらなくても携帯可能な小型の兵器により、原子炉を冷却する電源系統、あるいは海水系統を破壊すれば、炉心損傷のような過酷事故にいたる脆弱なものなのです。昨年一一月にフランスでテロが起こった時、フランス政府は原発への攻撃を恐れ、警戒したと報道されたのはその証左です。

二〇一五年の秋、「成立したとされる」安保法制は、多くの憲法学者たちも「違憲」だと明言しました。また、国会内で十分な議論もされないまま、多数派による強行採決によって成立させられました。平和でなければ原発は守れません。この法律は、他国との間に憎しみを生み、原発への攻撃の危険性を招くものです。私のような経験を持つ者の声や、大勢の知恵が全く反映される機会もなく、しかも憲法違反の法律が作られたことは許せません。今、この日本に住む私たちだけでなく、将来生まれて来る子どもたちが安全に、健康に暮らせなくなるのです。もっともっと議論されるべきだったはずです。原発の実情を知る私は、このまま刻々と過ぎる時間は、ちょうど時限爆弾を抱えたような感覚で、激しい焦燥感に駆られ、苦しんでいるのです。

3 貨物列車の運行にも危険

鉄道運転士
橋本次男

私の住む茨城県結城市は、結城紬で有名な町です。家も代々結城紬を作っており、繭から糸を取って染め、その糸を織って反物にするという過程は目にしていました。着物の需要も低くなり、町は当時のような活気もなくなりました。

私自身は、一九七五年四月、当時の国鉄東京北鉄道管理局に就職しました(のちの分割・民営化により日本貨物鉄道(株)になりました)。主に貨物列車の運転士として働き、二〇一六年五月末日をもって定年退職しましたが、その後も嘱託社員として、引き続き貨物輸送の根幹を担っております。また、採用と同時に国労組合員となり、役員も担い、労働条件の向上に向けた取り組みとともに、戦争反対・平和維持等の政治的運動にも取り組み、今日に至っています。

昨年強行成立された「安保法制」は、真に「二度と過ちを犯さない平和国＝日本」を守りぬいて来た平和憲法を根底から崩し、再び戦争の道を推し進める憲法違反法であり、絶対に容認できるものではありません。

私のこれまで受けた教育では、日本は軍備・軍隊を持たず中立な国、世界平和に貢献する国であり、自衛隊は「自国を自衛」する集団です。決して他国の戦争に加担する「隊」である、などという認識はありません。現に茨城県下ではいたる所に「自衛官募集」の貼り紙があり、就職先も少なくなったいまでは、職業選択の一部として根付いています。その職業とした自衛隊員を「集団的自衛権の行使」という文言一つで「戦争の道具」に使用することは、何人も許されません。「後方支援」や「他国防衛」、何であろうが「戦域に就く」ことに変わりはなく、また、仮にもその報復として日本国民の命を危機に晒してはなりません。一刻も早い安保法制の差し止めを求めます。

私は前述した通りJR貨物会社で運転士をしております。JR貨物は全国一社制であり、広大な敷地を持ついわゆるヤード(操車場)も多数所有していて、私の所属する隅田川機関区(南千住の近く)も東京の都心部の広大なヤードである隅田川駅という貨物駅の一角にあり、北海道や九州方面に向けた列車を受け持っています。

輸送品目は、食料品や工業品、引っ越し荷物、石油等々多岐に亘っていますが、政府米の古米などは、常に運搬する貨物の一つです。二〇年くらい前には、砲筒を外した自衛隊の戦車も輸送しているのを見たことがあります。戦時中は輸送には鉄道が使われたので、戦車を鉄道で運べる幅にして作っていたといいます。その後は船や陸送になりました。戦車を見たことがあるのは、かつては貨物が貨車に積まれ幌(ほろ)を掛けた状態になっていたからです。国鉄からJRになってからは、四角いコンテナに荷物を入れて運ぶようになりました。高速輸送をする必要性からです。一両は東京から関東や東北に荷を運ぶときは二〇両を繋げ、一両には五つのコンテナを載せます。一両は二五メートルですから全長五〇〇メートルにもなります。またコンテナは一〇〇個ですが、一個が六〜八畳の部屋に詰めたくらいの荷物を載せることができますので、一度に大量の輸送が可能です。コンテナはシールでとめられ、封緘（ふうかん）した状態になっています。これが一つでも開いていると発車できません。途中で中味を見ることもできません。貨物については、運転士は、貨車を機関車に連結したときに、貨車の車両数＝長さと重量を書いた解結通知表という紙面を渡されて確認します。

危険物が積載されたときには、何両目に危険物ありといった指示は受けますが、その危険物が何かとか、例えば振動に弱いのか熱に弱いのかといったことまでは教えられず、単に事故にあったら風上に逃げるようにといった程度の注意だけです。中味が何かと考えたら恐ろしくて運転できませんが、特にこれまで、本気でそのようなことを案じたことはなく、時間通りに安全に運行することだけを使命としてきました。

ところが、二〇一五年安保法制が成立させられ、自衛隊が国外に出て武器を使うことが現実になってきました。戦争する国になってしまったとしかいいようがありません。私たちＪＲ貨物会社も政府から、いわゆる「我が国のため」と称して、武器・弾薬、軍事物資輸送が強制化されることが予想されます。何を運ばされるかわかりません。また、「もし列車運転中に報復とするテロ攻撃等により列車やヤードが標的にされたら」という危機・不安を強く感じるようになりました。世界的にも安定性を評価されている貨物列車やヤードは、列車も長大でヤードも広大です。このような場所がテロの標的にされることは、素人目に見ても十分あり得ます。また、ガソリンなど燃料はタンクに積んで運ばれるので、外からも一目瞭然です。攻撃されれば被害は数キロ四方といった単位に及ぶし、走っている場所によっては、周辺の人身への被害が甚大になることは想像に難くありません。運転する自分の安全ももちろん大事ですが、鉄道に携わる者として、列車の事故で周囲の多くの人や家屋、地域が危険にさらされることは耐えられません。その危険を背負いながら運行しなければならないというストレスは、私の仕事環境を全く変えてしまいました。

私の年齢ですと、これまでも、軍服を着た祖父や叔父など身近な人が戦死した遺影を目にしてきました。大変な時代だったのだなと思いながらも、すぎた過去のことと思っていました。ところが、この国は、国民に新しくこの遺影を飾らせる国になってしまいました。茨城のような職の少ない地方で「自衛官募集」のきれいな貼り紙は、そこに職を求めなければいけない生活状況に追いやられた若者の、現代版赤紙なのだと思います。私の孫たちがその選択をしなければいけないようなときが来ることを考えると、私は戦争世代と孫たち世代を繋ぐ立場の者として、こんな国にしてしまったことに心が張り裂けそうです。

私は、憲法違反の、平和を脅かす「安保法制」に強く不安を感じ、その賠償を求め、同時に子や孫、次世代を担う人たちに「戦争」という文言や思いを引き継ぎたくありません。真の平和を求め、一刻も早い安保法制の差し止めを求めます。

貴裁判所におかれましては、私の声を真摯に受け止めて頂き、「いつか通った道」に戻らぬよう、毅然とした判断を下されますようお願いします。

4 爆音被害と墜落の心配

元鉄道運転士
山村充夫

私は一九六七年に相模鉄道に入社し、駅員から車掌をした後、運転士として三〇年以上働いて、今は退職しています。現在は、相模原市南区で妹夫婦(妹、その夫、甥)と一緒に暮らしています。住まいは、厚木基地北側から北へ六キロの位置にあります。

厚木基地は、米海軍の航空施設でありまた海上自衛隊の航空基地として、日米共同使用の軍用飛行場となっています。米海軍の航空母艦(現在はロナルド・レーガン)が横須賀基地を母港としており、年間二〇〇日前後入港していることが多く、厚木基地はその艦載機(七〇〜八〇機)の整備、訓練等の根拠地とされています。海上自衛隊の航空機は日常的に飛行しますが、米軍の航空母艦が横須賀港に入港しているときは、その艦載機は厚木基地に常駐し、そこから毎日のように訓練飛行に飛び立ちまた帰還します。基地の周辺を旋回することも多いです。

基地は南北に滑走路が走っているので、基地のほぼ真北にある我が家は滑走路の延長線上にあたり、軍用機が真上を通過して行くことになります。

航空機の離発着は、風上に向かって離陸するので基地の南側・北側は、住居の上を離陸のために通過する場合と、着陸のために通過する場合がありますが、航空機は着陸時の方が低空を飛び、地上に接近するので、手の届きそうなところを大きな機体が速度を落として通り過ぎていくことになります。厚木基地は海風(南風)が多いので、私の家は着陸機の爆音にさらされる方が多いことになります。

空母艦載機のうち、FA18ホーネットなどの約五〇機のジェット機の爆音が特に大きいのですが、これらのジェット機の典型的な飛行パターンとしては、通常二～四機が編隊になり、海上や内陸の訓練空域で訓練するため、午前九時頃から三～四時間を一クールとして午前、午後と出入りをします。したがって、周辺住民は、午前、昼前・後、夕方と爆音にさらされるのです。飛行時間は、日米の騒音規制により午後一〇時から午前六時までは原則として飛行しないこととなっているのですが、例外も多く行われています。例えば、空母艦載機は夜でも短い甲板で正確に離着陸する必要から、ナイト・ランディング・プラクティス(NLP)といって、暗いところで離着陸訓練をする必要があり、現在は硫黄島に訓練施設が作られているのですが、硫黄島でNLPをやってから厚木基地へ戻るのは当然夜おそくなります。その爆音で目が覚めてしまうと、そのあとは寝られません。爆音でテレビや電話が聞こえなかったり、集中を妨げられると、そのあと不愉快な時間が続きますが、睡眠妨害も含めて、爆音は音のするときだけの被害ではすまないのです。

今後、安保法制の実施により、自衛隊に紛争国への軍事協力が求められた場合、厚木基地での訓練等の離着陸が激しくなり、さらには厚木基地から戦闘機が飛び立つでしょうし、軍事物資の輸送が始まるでしょう。そうなれば、これまで以上の爆音被害が発生することになるでしょう。

私たち基地周辺住民の生活の安全、生活の静穏はさらに害されることになります。

航空基地の近くに住んでいると、墜落等の事故もとても心配です。大きな事故としては、昭和三九(一九六四)年に町田市原町田に米軍ジェット機が墜落した事故(住民四人死亡、三二人負傷)、同じ年に大和市にも米軍ジェット機が墜落した事故(住民五人死亡、三人負傷)、昭和五二(一九七七)年に横浜市緑区にファントムが墜落して幼い子ども二人が死亡し、その母親も四年余の闘病生活後に死亡した事故などがあります。最近でも、平成二五(二〇一三)年一二月に、空母艦載のヘリコプターが三浦市に墜落しています。また、航空機からの落下物の事故は頻繁に起こっており、小さな部品でも上空から落下すれば大惨事になります。軍用機は、民間機に比べて事故率がたいへん高いのです。飛行が頻繁になれば、事故の危険と不安もまた、大きくなります。

私は、相模鉄道という私鉄で、運転士として働いてきました。相模鉄道では、厚木基地への引き込み線があり、かつてジェット燃料を輸送していました。私自身は貨物列車の運転は担当しなかったのですが、鉄道と鉄道労働者はこのような形で軍事輸送にかかわることになります。厚木基地へのジェット燃料輸送は、一九九八年一一月以降は道路輸送になって中止されていますが、一旦有事になった場合、それが再開されないとも限りません。軍事物資等の輸送は、有事には攻撃の対象にもなりうる危険な仕事になります。

私と同居している妹夫婦には四〇歳代の息子がいるのですが、高校三年のときに脳腫瘍で手術を繰り返し、下半身に障がいが残り今は車椅子の生活をしています。また、聴力も弱いです。厚木基地がアメリカ軍の訓練の根拠地であり、日本の自衛隊も利用していることから、今後日本がアメリカと一緒になって集団的自衛権で戦う場合には、まず攻撃対象にされることは間違いありません。テロのターゲットとなることも十分考えられます。私の住居は当然その被害を受けることになります。その場合に、車椅子の甥は迅速に逃げることは不可能ですし、何かが起これば逃げられない甥とそれを助けようとする妹夫婦や私らは、厚木基地と運命をともにする程の危険を背負っていることになるのです。

巨大な機体を目の当たりにし、爆音被害にさらされている私は、戦争と背中合わせに暮らし、戦闘機の存在を常日頃感じ、その規模の大きさを知っています。例えば乗用車がぶつかるとか、失火で家が燃えるとかいった日常起こりうる災害とは、全く規模の違う大きな被害が想定できるだけに、政府のとった安保法制によって受ける恐れの増した被害の恐怖は、一般人の想像を絶するようなものです。簡単に転居できない経済状態もあり、不安から目をそらして生活するしかありませんが、恐怖はいつも背中にあることを一時も忘れることはできません。

5　戦争社会は障がい者を疎む

地方公務員
原かほる

私の家族は、両親と私の三人ですが、三人とも障がい者手帳を持っています。父(六七歳)は脳性小児麻痺の後遺症による歩行障害で、母(七三歳)はポリオの後遺症による歩行障害です。二人とも、車椅子を使っています。二人とも年金暮らしです。母は、高齢化したことで足だけではなく、手の力もなくなりました。母は、以前は洋裁の技能士だったのですが、今では針を思うように持てなくなっております。また父も、以前はタクシー会社で配車の仕事をしていましたが、長年の無理がたたり、定年後の現在では歩行の困難度が増し、痛みに耐えながら生活をしております。

私は、痙性対麻痺という病気で子どもの時から歩行障害がありました。進行性の病気ではないというものの、緩やかに、けれど確実に、自分の運動の範囲が狭められていくのを感じながら、今は、車椅子や杖を使って歩行しています。外出には車を運転していますが、東京に行った時などは、移動は専らタクシーを使います。短距離であっても転倒して怪我をすることが多く、安全に歩くのは難しいからです。

私は、同志社女子大学を卒業後、同志社大学大学院を経て、自立して働いてきましたが、現在は少しでも両親の力になりたいと静岡に戻り、実家の近くで暮らしています。介護サービスを利用し、仕事との両立を工夫しながら、両親の生活を支える日々です。私は、県の職員として働いてきましたが、二〇一六年の四月からは休職して、県職員組合の専従役員を務めることになっています。

今回の安保法制で私や両親が受けた衝撃は大きなものがあります。両親は障がい者として困難な人生を歩んできました。その中で、特に母は、障がいを持っている私が仕事を得て社会的に自立した人生を送れるようにと支援してくれました。母の時代には障がい者は公立高校に入ることが許されておらず、必要な教育を受けることができなかったそうです。そこで、母は私にはできるだけの教育を受けさせて、自分の仕事で食べていけるようにと配慮してくれました。そのおかげで私は、県の職員として働くことができました。しかし、私のこの生活も、安保法制の現実化の下で維持できないのではないかという強い不安と恐怖があります。

そのことは、例えば戦争中にこの国での障がい者の扱われ方の歴史から思うのです。聞くところによりますと、戦時中の学童疎開では、障がい児は対象外であったということです。障がい者は「死ね」という政策でした。生きるに値しない存在と国家に見なされていたわけですし、ナチスの障がい者への対応も、戦争と障がい者の関係をはっきりと示していると思います。

安保法制が成立する以前から、この国では高齢者や障がい者は明らかに冷たくあしらわれてきておりました。年金は減らされていますし、社会保障費も削減されています。両親を見ておりますと、障がいを持った高齢者の生活には、全く希望がないことが実感されます。例えば、介護認定は明らかに厳しくなっております。料理、掃除は言うまでもなく、自力でトイレに行くことさえ極めて困難な母が、介護認定の見直しで、要介護三から要支援二に落とされました。要支援二では車椅子を借りられないのです。それでは生活ができないにもかかわらずです。要支援二の人にあてがわれている「支援」は、介護予防として施設でフィットネスクラブのような運動をすることでしたが、歩行はおろか、足を動かすこともできない母に、そんなことができるわけがありません。私が頑張って認定し直しを申し立て、要介護一を経てようやく要介護三に戻してもらいました。

社会保障への国の支出が削られる一方で、防衛予算のかつてない拡大が起きています。そのため、文字通り食べていけない障がい者が出てきており、このままでは栄養障がいとなり、医療費が上昇することになりますが、それを負担できない障がい者は、死ねと言われているに等しい感じがしています。国が戦争する方向にはっきりと舵を切ったことで、私は障がい者として生きることが許されない社会に向かっていることを実感しております。介護認定の「改定」などがその前兆であったと思わざるを得ません。安保法制が施行されることで、障がい者切り捨てが速度を増すことを肌身に感じております。私や両親が人間らしく生きる権利が奪われる方向にすべてが進んでいることを実感します。障がいなどでより弱い立場に置かれている人たちは、今までもこの社会でいわゆる健常者と平等に扱われてきませんでしたが、人を殺すことを究極の目的とする戦争する国では、将来に少しも生きる希望が持てません。障がい者の行く手には暗い未来しか見えません。私も両親も、安保法制の現実化で、やり場のない恐怖と苦痛を日々味わっております。

6　もうこの国に住めなくなるかもしれない

ピアニスト
崔善愛（チェソンエ）

私は在日コリアン三世（韓国籍の特別永住者）で、ピアニストとして活動しています。私たち外国籍者も日本国憲法＝平和憲法によって安全に守られてきましたが、今回の安保法制の制定により、もはや安全が保障されなくなった、私たちやアジアはこれからどうなるのかという強い不安を感じています。

安保法制の制定・施行によって、日本が米国と共に武器を持つ姿がアジアの人々に与える心理的衝撃は計り知れません。日本が武器を持つことはアジアの平和を脅かし、世界を戦争へと導きます。七〇年前まで日本軍によって国を奪われ、家族を殺され、苦しめられたアジアの人々の戦争の記憶がよびさまされてゆきます。戦後様々な人が築き上げた近隣諸国との友好の絆が一挙に冷え、再びあの戦争の時代に戻る、安保法制がその引き金になるのではないでしょうか。

考えたくもありませんが、領土問題などで緊張が強まる中、朝鮮半島や中国と武力衝突するような事態になれば、国内在住の外国人はどうなるでしょう。「あの人は日本の味方なのか敵なのか」「どこの国のパスポートを持っているのか」、さらに、親や自分の思想・宗教などを調査されたり、外国人は犯罪を犯すかもしれないという目で警察や町内会などが自分を見るようになるのではないかと、私は恐れています。

朝鮮人はこの国を出て行け、という声が高まっていることは明らかな事実です。排外主義勢力の先頭に立つ「在日特権を許さない市民の会」元代表桜井誠は、東京都知事選で約七万票も獲得しました。「非国民」「国賊」「スパイ」「朝鮮へ帰れ」と言われながら生活していると、「この国にこのままこどもたちと居続けても大丈夫だろうか」という不安が膨らんできます。私の在日三世の親友は大学教授の職を捨てカナダに家族で移住することを決め、私に「身の危険を感じて無理だと思ったら、いつでもカナダに逃げておいで」と言いました。

二〇一五年八月、私が勤務する恵泉女学園大学で、全国キリスト教学校のシンポジウムが開かれました。その中で、ある方が街頭で行われたヘイトスピーチの映像を流し、私は「朝鮮人を殺せ」などという声を聞き言葉を失いました。少数者の人権を語り合うシンポジウムでしたが、「過去を学ぶ」とか「多文化共生」などという言葉はヘイトスピーチの罵声の前に、もはや無力なものであるとさえ感じました。その夜、私は日本刀で刺される夢にうなされ、翌朝熱を出して寝込みました。私の夫と二人の娘は日本国籍ですが、母親である私が韓国名で仕事をしているため、娘たちは自分もまた朝鮮人だとして差別され攻撃されることに脅えています。

いまは玄関の表札に韓国名を出すことさえ恐ろしく思われます。韓国の民族衣装チマチョゴリを着て近所や新宿の街を、あるいはこの裁判所の前を歩くことを想像しただけで、誰かから暴言を吐かれないかと身の危険を感じます。

二〇一六年八月二一日、元朝日新聞記者むのたけじさんが亡くなられました。その翌月に放送されたテレビのインタビューでむのさんは、自身が戦争中にインドネシアで目撃した、何百人もの女性が縛りつけられて強姦され、そのそばには妻を守ろうと抵抗したと思われる男性が倒れているという異常な光景、人間性の破壊、人間の本性がむき出しになった姿について告白しました。むのさんは戦後七〇年間戦争反対を叫んできたジャーナリストですが、その彼でさえ一〇〇歳になるまでこの事実だけは書くことも語ることもできなかった。それは、口にできないほど残虐な、恥ずかしい、無残な光景だったからでしょう。戦争は私たちが想像する以上にはるかに暴力的であり、戦争を目撃した人の多くはその暴力性、残虐性ゆえに言葉にすることを躊躇したまま亡くなっていきます。戦争の現実が語られないまま歴史は葬り去られようとしているのです。

私は若い頃、どうしてアジアの人はそれほどまでに日本を信じられないのか不思議で仕方ありませんでしたが、この告白を聞いてようやく納得しました。

しかし、このような先祖の歴史を背負っていても、人間は不思議なほど新しい関係を築き自分の育った土地を愛することができます。私たち日本に住むコリアンや中国、台湾などアジア出身の人は、自分を育てた日本を故郷と感じ、愛し、ここに住む人を友達だと想いながら暮らしています。にも拘わらず、今後日本が米軍と共に武力を行使すれば、自分のルーツである朝鮮半島や中国が日本にとっての敵国となれば、私たちの友情はどうなるのでしょうか。

米国が第二次大戦中、日系人に対して行った強制収容は有名ですが、翻って日本で「有事」となったとき、在日コリアン他外国人二〇〇万人以上が、「日本人ではない」というだけで敵視され、収容されたり、それぞれの国籍国に「強制送還」されたりしないだろうか。もし、朝鮮半島あるいは中国との「有事」となれば、在日コリアンに対して「北か南か」など、親の思想やルーツを調査されるかもしれません。冷戦はいまも在日コリアンを分断しています。どんなにこの土地に愛着を持っていようと、「反日」か「親日」かとレッテルを貼られることがあります。日本の戦争責任問題に言及する良心的な日本人に向けてもひどい投稿が後を絶たず、ある朝日新聞記者は、「おまえも朝鮮人か」などと攻撃されています。

あげればきりがありませんが、現在の政権をみていると、恐ろしい未来への予測が次々に私を苦しめ、『アンネの日記』のような生活が待っているのかとさえ思われるのです。

私の父は朝鮮戦争から難民として日本に逃れ、日本で家族を持ち定住しましたが、それは言葉にならない深い哀しみを伴っていました。朝鮮戦争は父の家族を引き裂き、家族は離散したのです。

一九五〇年六月二五日、朝鮮戦争が始まり、米ソの東西冷戦によって「日本再軍備論」が日米双方で高まり、その結果、自衛隊の前身「警察予備隊」が発足します。当時日本はまだアメリカ占領下、しかし朝鮮戦争のただ中、サンフランシスコ講和会議が行われ、独立を果たし祝賀ムードに沸いた日本。朝鮮戦争で朝鮮の「市民」は三〇〇万人以上の死者を出し、多くの難民が出ました。一つの国が、かつては侵略され、そこから解放されるや戦争となり、同じ民族が銃を向けあった傷は、いまも深く人々を切り裂いています。その朝鮮戦争時、沖縄から多数の戦闘機が飛び、私の出身地・北九州市小倉の砂津港には米兵の死体が多数運ばれ、死臭が町に漂っていたと聞いたことがあります。

いまも休戦状態にある朝鮮半島。朝鮮戦争のための兵器を日本は製造し、戦時による「特需」は五年間で総額一六億一九〇〇万ドルに達し、この国は焼け野原から「復興」したのです。隣の国の戦争の犠牲によって「復興」したことを、「特需」という言葉でくってよいものでしょうか。その歴史認識の延長線上に今回の安保法制があるのではないでしょうか。冷戦構造によって一つの国が二つに分断されたことは、この国とは関わりのないことなのでしょうか。

この国で他民族憎悪が拡がっています。いつかこの国から自分の判断で逃げ出さなければならない日が来るかもしれないと考えずにはいられません。日本人ではないことで敵国人のように扱われ、強制収容されたり、殺されるかもしれない。既に朝鮮学校のこどもたちは、まるで『アンネの日記』のように、この国で隠れ、息をころし、朝鮮語を外で話さないように努めているという現実があります。近い将来、私たちはこの土地と人々とのつながりを捨て亡命すべきなのでしょうか。手遅れになる前に。

アメリカでは「白人専用」「White Only」のバスやトイレがありました。いま日本ではサッカー場で「Japanese Only」、銭湯には「外国人お断り」があり、人種差別が強まっています。「日本人のこころ」を強調する政治家と連動しているかのようです。

他民族憎悪が拡がるのは戦争の前兆であることは歴史が教えています。そして私たちが戦争への怒りを忘れたとき、再び戦争が起こるのではないでしょうか。

「永遠に戦争を放棄する」という日本国憲法の思想は人類が幾多の戦争を経てようやく手にしたものです。この言葉からは戦争の愚かさへの反省と謝罪が聞こえてきます。戦争放棄こそ未来を担うこどもたちに残すことができる遺産なのです。

私たちの憲法がうたう「政府の行為によつて再び戦争の惨禍が起ることのないやうにすることを決意」すること、それがいまアジアを戦争に導かないための唯一の道だと信じます。

7 子どもたちを守りたい

ママの会
辻 仁美

私は二人の子どもを育てました。娘は、二〇一六年春大学を卒業して金融機関に就職しました。息子は大学二年生です。

私は、三・一一までは政治に特に関心を持ったことはなく、いわゆるノンポリでした。三・一一以来、政府の出す情報がおかしいのではないかと思うことが重なり、放射能に関しても食の安全に関しても、自分たちで考えて行動しなければと思うようになりました。当時子どもたちは高校生と中学生でしたので、子どもを守るための市民活動をするようになりました。無党派の人たちとの活動です。その延長線上に、二〇一五年七月に参加するようになった「安保関連法に反対するママの会」の活動があります。この活動は、メンバーが自分が住んでいるところなど、それぞれの場所で発信するというものです。私は、「ママの会@埼玉」のメンバーです。「だれの子どももころさせない」を合言葉にしています。

さいたま市のコミュニティセンターで私は非常勤職員として働いておりましたが、つい先日辞めたところです。コミュニティセンターと同じ「さいたま市の市民局」の管轄に市民活動サポートセンターがありまして、そこでは登録団体に場所の提供などをしており、ママの会も二〇一五年一〇月に登録しました。今の政治情勢と関係していると思うのですが、市議会・決算特別委員会でママの会がその登録団体として不適切であると、自民党議員に指摘されることが三月に入ってからありました。理由は、登録団体になる以前に私が行ったスピーチの中で、安保関連法に賛成した議員の落選運動を呼びかけたことでした。誰かがママの会を追い出したかったらしく、私のスピーチの動画を探してきたのです。市民からの通報があったということのようです。市議会での問題のされ方は事実に基づかないことが取り上げられており、市民活動サポートセンターを運営する指定管理業者の管理から市の直営にする口実にされたと思っています。事実、四月一日から市の直営になります。

安保関連法ができてから、子どもを持つ母として不安に感じることがたくさんあります。このままであったら格差がどんどん広がります。奨学金の返還ができないものは自衛隊に入れるというようなことが言われているとかで、子どもの友人のことなども、どうなるのだろうかと心配です。息子の友人で母子家庭の子がおりますが、給付型の奨学金をとるために勉強に専念するとして、部活を辞めたという話も聞いております。教育にも政治的な介入がされており、教科書を選べない社会に生きることになったら(もう、なっている部分がありますが)、大変だと思っています。

ママの会には、三〇代後半から五〇代まで、いろいろな母親たちが集まっています。私は、子どもに手がかからなくなったので、子育てに忙しいママたちの分も活動して、子どもたちを守りたいと考えています。子どもを戦争で死なせたり、人殺しをさせられることのために、子どもを育てた人はいません。子どもを育てる人で戦争を容認する人などいるはずがありません。

私は卵巣に病気があり、医者からは子どもを持てないと言われていました。事実、奇跡の妊娠をしてからは、妊娠中に倒れて手術になり、卵巣を左右摘出しています。子どもが助かったのは胎盤ができていた時期だったからで、本当にぎりぎりのところでした。命がけで出産をしています。そして生まれてからは、産後の肥立ちも悪く何度も入院をしたり大変でしたが、持てる愛情の全てをかけ慈しみ、全身全霊で一生懸命に子育てをしてきたつもりです。

そんな大切な子どもが実際に戦争に加担させられる場面を想像するだけで苦しくなります。いてもたってもいられない気持ちになります。死んでいい命なんてこの世にないはずです。私の息子は、たくましくは育てましたが、人殺しを容認できるようには育ててはいません。そういう意味では「弱虫」に育てました。正邪を見極める力はつけたつもりです。子育ては、平和な社会が続くことを考えてのことです。

原発だらけの日本へのテロ攻撃の心配も現実化してきています。先日のベルギーのテロ事件を知って、ますますその心配が高まっています。憎しみは憎しみしか生まない。安保法制によって戦争できる国になったら憎悪の対象になり、憎しみの連鎖が続くことになる恐怖を感じています。私は、子どもたちには世の中に役に立つ人に育てようと、しっかりと教育をしてきたつもりです。子どもたちを戦争に加担させるために産み育ててきたのでは断じてありません。私の思いを無視して、採決施行されたことのショックで打ちのめされ、武器輸出解禁や自衛隊海外派遣などのニュースを見るたびに涙がでます。精神的にはもちろんですが、肉体的にも苦痛を与えられていると感じます。どうぞ、この思いをお受け取りいただけますようにお願いいたします。

8　元レンジャー隊員、安保法制への怒り！

元自衛官　井筒高雄

私は一九九三年まで陸上自衛官でレンジャー隊員をしていました。自衛隊の現場を知った上でこの安保法制を自衛隊員の立場から見たとき、その憤りは耐え難いものです。

この法制制定後は、自衛隊派遣の任務が発令された瞬間に、日本は紛争当事国になる危険があります。しかしながら、自衛隊員やその家族、国民にもそのリスクと覚悟を求めておりません。派遣される自衛隊員は、国際法上の権利保障を与えられていません。軍事法典も軍事裁判所もなく、殺人犯として刑法で裁かれる可能性もあります。兵士の人権を考える国際法による「捕虜」の扱いも受けられるかは、相手次第なのです。そのため自衛隊員は人質にされやすいともいえるのです。

自衛官の死の取り扱いは、戦闘中だと「戦死」で二階級特進となります。補償もその分高額になります。亡くなる自衛官が増えるとすれば、コストカットを考えなければならず、自ずと若い独身の自衛官が選ばれるでしょう。また、陸自の約一四万人の隊員中、レンジャーは約五一〇〇人しかおらず、九割以上がど素人の公務員自衛官といってもいい状況です。戦場で国内の訓練と同じように動くことは困難ですが、自国の防衛に戦力となるレンジャーをたやすく投入することもできず、戦地で彼らを思うと心がつぶれます。医療に関しても心許ないです。医師法と旧薬事法を改正しておらず、衛生兵は准看護師と一緒で止血しかできません。痛み止めの投与もできないのです。にもかかわらず、自衛官が持たされる医療装備は貧弱で八種類（アメリカは一八種類くらい）。チェストシートという撃たれたところに貼る大きな絆創膏のようなものも、サイズが小さく、戦場での撃たれ方によっては一発でも一〇センチから二〇センチぐらいの穴があくこともあり、傷もふさげない状態なのです。辞めたいという隊員にはそれをとどめる働きかけがされます。二〇一七年四月二四日の産経新聞にも「自衛官失踪、各地で相次ぐ　「辞めにくさ背景」指摘も」の見出しが載りました。

この中で現地に行く自衛隊員は本当にかわいそうです。安倍首相ほか戦争に行かずに決定を下す人は、せめて自衛隊員の立場に立って考えてほしい。帰還後の隊員が、自殺、ＰＴＳＤによる殺人、アル中、育児放棄などの社会問題を起こすことは米国の例でも明らかです。九条は改正しないですむならそれに越したことはないです。なぜなら自衛隊が一発も撃たずに、交戦状態にならずにすんだのは、九条の枠組みの中で、自衛隊は戦術・訓練・研究をしてきたからです。これは自衛隊にいたからはっきり分かります。安保法制が、無知な政治家の政治利用のために「成立」させられ、自分と同じように愛する家族と幸せに生きたいと思う仲間たちが「駒」のように扱われることは、人間として心から怒りを覚えます。また、二〇〇二年から八年間、市議会議員として政治に関わった者としては心から子どもたちが戦争に加担することがない未来を残したい。憲法九条を活かした社会を、国際貢献のあり方、外交政策にこそ尽力すべきです。

9　元海上自衛隊員から見た安保法制

元自衛官　西川末則

日本はアメリカに宣戦布告したことで太平洋戦争が勃発しました。その結果、大勢の人が命を失い広島、長崎に原爆が落とされ、終戦を迎えました。その反省の下、不戦を誓い、憲法九条を制定して、七一年間の平和を築くことができました。地球上でこれだけの経験をした国は日本以外にはありません。したがって今の日本の立場としては、現在戦争をしている、(アメリカを含む)当事国の仲裁をする立場だと私は考えます。ところが安倍政権は逆で、自衛隊員を南スーダン等へ派兵し米軍、国連の駆け付け警護、後方支援で戦わせようとしています。これは戦闘行為かつ憲法違反であり、絶対に認めることはできません。自衛隊は専守防衛の観点から日本国を守ることは当然だと思っております。海上自衛隊ではリムパック(環太平洋合同演習)、派米訓練を長年にわたり日米間で行ってきましたが、これはあくまでも第三国から日本に侵略があった場合の対処法の訓練でした。

しかし、外地へ出向き後輩たちを犠牲にすることは、到底認めることはできません。二〇一七年五月一日から護衛艦「いずも」が実施した米艦防御は米艦が他国からの攻撃がある場合の想定で米艦を防御、護衛させようとする行為です、今後、海上自衛隊を米国の戦争でフルに活用しようとする行為と思われます。こういったことを認めると今後、自衛隊は米国共同で戦争を行い、平和国家日本を戦争へ導くことになるのは間違いありません。こういったことは阻止すべきであり、断固反対します。集団的自衛権が廃止になるまで、後輩たちのために頑張ります。それが私たち自衛隊ＯＢとしての最後の務めと思っております。

現在、米朝間が緊迫の状況ですが、日本の総理が今すべきことは、仲裁だと思います。まずは行動を起こして北朝鮮へ出向き、拉致問題、核開発を解決するよう推進し、見返りとして、要望をできるだけ聞き入れる、米国については交戦状態にならないよう、日本の過去のような状況を作らせないよう行動すべきと考えます。安倍さんは口先だけではなく行動を起こし、平和への主導権を握るべきです。

10 隊員たちの命は安倍政権の都合の良いオモチャではない

元自衛官
末延隆成（たかなり）

安倍総理は安保法制が出来た事により初めて日本の平和が守れる、国際社会に於いてリーダーとして責任を果たして行く事が出来る、これが積極的平和主義だと言いました。そして、戦後七〇年談話で言いました。「次の世代に、謝罪を続ける宿命を背負わせてはならない」と。

しかし集団的自衛権を行使した場合、私たちや未来に生きる子供たちは再び愚かな謝罪を繰り返す宿命を背負う事は間違いありません。この安保法制は日本を守るためでは無く、米国の安全保障のためにあると言っても過言ではないのです。日本を守る事は個別的自衛権で対処可能です。日本が再び武力による戦争と云う、愚かな過ちを繰り返さないための憲法九条を、安倍総理は政権都合の身勝手な恣意的解釈を行い、民意を無視して安保法制を強行成立させました。

武力行使の先駆けとして南スーダンＰＫＯ部隊に付与された新任務では、私たち国民は日本のあるべき姿に不安を覚えた事を忘れてはいけません。そして今度は米艦防護です。七一年前に焦土となった日本で、三一〇万人の日本人の命と引き換えに昭和天皇みずから平和主義を唱え、そして与野党問わず英知を絞り、自由と人権、平和主義を掲げた新憲法、特に九条はあのマッカーサーすらも感嘆し認めざるを得なかったものです。そして日本人は新憲法によって戦後七一年間、長い人類史上に於いて稀有な平和な時代を生きてきた事を忘れてはならないのです。集団的自衛権の行使と云う、大義無き虫ケラのような殺し合いは、志ある自衛隊員ならば誰も望んではいないのです。自衛隊の本来任務は憲法九条に基づいた専守防衛であり、安倍政権の私兵では無いのです。大義無く流れる自衛隊員の血、家族たちの涙、そして私たちの心の痛みに対し、どう責任を取れるのですか？　隊員たちの命は安倍政権の都合の良いオモチャでは無いのです。そして災厄は国民全てに及びます。

11　戦争は女性を否定する

弁護士
角田由紀子

日本において、戦争が一般の人々に与えた被害の悲惨な事実は、アジア・太平洋戦争の時期を通じて、多くの人々の体験の中に刻印されています。もちろん、それは日本国内にとどまるものではありません。どの戦争でもそうであったように、女性や子どもはその被害の中心にありましたが、今日に至るも被害は癒されることなく、人々の心身の深いところで存在し続けております。今回の新安保法制法は、それらの深い傷を呼び起こし、再体験を迫るものです。新安保法制法の審理・制定過程そのものが、女性の存在を無視し、女性の声に一度たりとも耳を傾けることなく、文字通り、暴力的なものでした。国会での審議過程で、女性や子どもが被るかもしれない危険について、一度たりとも語られたことがあったでしょうか。新しい法律群の内容と制定・実施過程に直面して、原告たちは、深い苦痛と不安に曝されています。その苦痛や不安は、政府の言うように「漠たるもの」ではなく、現実に女性たちの心身に深い打撃を与えているものです。

戦争がその本質において、女性への性的加害行為を伴うものであることは、過去世界中の様々な戦争で、十二分に証明されております。そのことは、とりわけ、沖縄では戦争中に始まり敗戦後から今日まで、常に現在進行形であり、どれだけ多くの女性が命を奪われ、人としての尊厳を奪われたかを、特に注目しなければなりません。二〇一六年、沖縄・うるま市での元アメリカ海兵隊員による女性殺害事件は、記憶に新しいものです。この事実は、私たちに戦争と女性の関係の本質をはっきりと示すものです。

七一年経っても日本軍「性奴隷制」の問題の真摯な解決を置き去りにしたままの政権による新安保法制法に、原告たちは「安全保障」という言葉とは裏腹に、極めて大きな危険を感じております。新安保法制法は、次の戦争を確実に準備するものとして、目に見える形であるいは見えない形で、既に女性たちの生活の安全を脅かしております。原告たちの多くは、女性への性暴力を含む暴力と闘ってきております。この社会を女性や子どもなど権力を持たない人々にとってできるだけ安全なものにしたいと、日夜努力をしてきました。ところが、戦争という究極の暴力を肯定する法制がとられたことで、これまでの努力が根こそぎ否定されてしまいました。それは、そのことに力を尽くしてきた原告たちの生き方そのものの否定であります。原告たちのこの努力を支えてきた根幹にあるのは、日本国憲法です。憲法の平和主義、個人の尊重などを明確に否定する今回の法制は、原告たちから将来への希望を奪い、打ちのめしました。言うまでもないことですが、女性への暴力の加害者の多くは、男性であり、男性のそのような暴力にいわば「お墨付き」を与えるのが、今回の法制です。その法制は、二〇一六年三月二九日に施行され、一一月から南スーダンに派遣されている自衛隊には、武力行使を容認する新任務が与えられました。南スーダンでは、性暴力が頻繁に起きていることは、国連の報告書にも明記され新聞等で報道されており、国民の多くが知っております。このことは、国内での女性の安全に大きく悪影響を与えるものといわざるを得ません。

いかに近代化された戦争であっても、戦争はそれに従事する人間を必要とします。かつての戦争の時代に、戦争遂行のために国家は家族の在り方にあからさまに介入し、国を挙げて「産めよ、増やせよ」をとなえ、母親たちにその実現を強要しました。ある病弱な女性が五人目の子どもを産むことに耐えられず、堕胎をした例がありましたが、その女性は堕胎罪で逮捕されました。堕胎罪は、今でも刑法に規定されており、戦争に向かう社会が、女性の性にどのように敵対的であるかの例です。現在、少子化対策という言葉でさまざまに行われている政策は、「産めよ、増やせよ」政策と決して無関係ではありません。

戦争とそれに伴う戦時性暴力の基盤になっているのは、日常生活の隅々までを支配している家父長制です。今日では「家父長制」という言葉が使われることは少なくなりましたが、社会の仕組みとしてのそれは、なお生き続けております。

家父長制の仕組みが法律に支えられむき出しであった社会が敗戦によって終わり、憲法は女性に人間解放をもたらしました。戦争肯定社会は、憲法が女性にもたらした個人としての権利を再び否定するものです。多くの原告たちは、憲法一三条、一四条及び二四条等によって保障された人権をしっかりと手にして戦後の人生を築いてきました。戦前には閉ざされていた多くの場所で女性たちは、羽ばたいてきたのです。もちろん、彼女たちの生き方の骨格は憲法です。しかし、新安保法制法は、それらすべてを否定するものです。原告たちが体験させられた苦痛や恐怖や不安は、彼女たちが生きることの根幹にかかわり、彼女たちが一人の人間として生きることを否定するものです。

ある原告は、教育者や研究者として、憲法に導かれて新しい社会を作ることに尽力してきました。ある原告は、政治家として国会等で奮闘してきましたが、新安保法制法は、女性政治家からその本来の活動の場を奪い、大きな被害を与えました。ジャーナリストや公務員等の原告たちも、その自由な活動を制約されたり、不本意な活動を強制される危機に瀕しており、これらの原告たちが具体的に受けた苦痛に対して、被告が損害賠償をするべきであります。原告たちが現に被っている被害及び損害が正当に償われるべきです。そのために、司法が憲法によって付託されている責務を果たさねばなりません。三権分立の社会で立法も行政も国民・市民に歯向かうとき、最後の砦は司法です。司法が今ほど憲法が付託した任務を果たすべく期待されている時代はありません。司法の本来の在り方が試されているということでもあります。

以上、私は原告の女性たちが、既に被っている被害について、その一部を指摘しました。

12 性暴力のない世界を

元那覇市議会議員
高里鈴代

私は、現在七六歳です。一九四〇年に台湾で生まれました。父は東京農大卒業と同時に、台湾総督府農林省に勤務しました。私の家族は、米軍の爆撃を避けて防空壕で終戦を迎え、終戦の混乱の中をかいくぐって郷里の沖縄・宮古島に引き揚げてきました。そのとき私は五歳でした。

私が小学校四年生の二学期に、父の転職で那覇市に移りました。家庭の経済は、宮古島でそうであったように、那覇でも厳しく、母親の着物は下駄の鼻緒となって売られました。

私は沖縄の短大卒業後、フィリッピン・マニラにあるハリス・メモリアル・カレッジへ留学しました。そこでの二年間が私の生き方を方向づけました。

ひとつは、アジア・太平洋戦争で日本軍がフィリッピンの人々への残忍な戦争行為をした事実とそれが犠牲者に深い痛みをもたらしていたことを、現地の人々の口から繰り返し聞いて知ったことでした。

もうひとつは、クリスマス休暇で訪ねた友人の住んでいる街が、実は米軍基地の街であったことの衝撃でした。友人の街は、沖縄のコザに来ているのかと錯覚するほど、沖縄の基地の街そのものの姿でした。その街は、アジア最大の米海軍スービック基地のオロンガポ市でした。沖縄に基地があるのではなく、基地の一部に沖縄があると強く実感しました。

　本土では、一九五六年に売春防止法が制定されていたのですが、沖縄にはありませんでした。一九六七年に、本土で売防法制定のために奔走していた矯風会の高橋喜久江さんが、沖縄での売防法成立の遅れを調査するために、来沖されました。私は高橋さんに同行し、沖縄の現状を学びました。立法院議会へ再三の立法要請がなされても、法律が成立しなかったのには二つ理由がありました。

　ひとつは、もし、売防法が成立したら、米軍兵士たちの暴力のはけ口は、かつてのようにまた地域社会に戻って来るのではないかという恐れが、議員たち及び地域社会の中に強くあったということでした。軍事支配を背景に、そこでは圧倒的なむき出しの暴力が日常的に存在していたのです。日本の敗戦により、沖縄の女性の身体は米軍兵士たちに文字通り、踏み荒らされ続けてきたのです。米兵の容赦ない暴力から一般の人が逃れるために、沖縄に集娼地区が作られたのです。これが廃止されると、それ以前のように米兵が民家に踏み込んだり、歩いている女性を摑まえたりして手当たり次第に強姦をするようになるという心配でした。

　もうひとつは、売防法が成立すると、女性たちが米兵から日々稼ぐドルはどこへ行ってしまうのかという心配でした。当時の沖縄の女性たちは、厳しい強制管理売春の中で生きて、沖縄経済を支えるドルを稼いでいたのです。私は、この女性の状況と、彼女たちの心身をむさぼりつくすとでもいうしかない売買春の実態に触れて、女性の人権侵害であると強く思いました。

　そのような状況の中で、施行は二年後の復帰時として、一九七〇年には売防法が成立しましたが、その同日にもうひとつの立法院議会決議があります。それは当時前原高校三年の女子生徒がレイプの被害から逃れるために抵抗し体中をナイフで切られ重傷を負う事件を受けてのものです。沖縄は米兵からの暴力を防ぐための集娼地帯のはずだったのですが、実際はそういうものを越えて暴力が起こり続けていたわけです。七〇年の売防法制定日には、この女子高校生の被害に対する抗議声明が出されたのです。

ベトナム戦争中、米兵は沖縄から出撃し、休暇になれば沖縄に戻ってきました。ベトナムに送られれば命の保障はないことを米兵たちは知っていましたし、殺戮の現場から戻ってきた兵隊は荒れており、売春女性たちが彼らの不安や怒りなどの受け皿とされていました。

私は高橋さんに同行しての見聞で、沖縄の女性の問題に深く関わりたいと考え、その後は、まず、売春に関する新聞資料の収集を始め、売防法の問題に関心を持つようになっていきました。

私は、婦人相談員の仕事を知って勉強をし直して、一九七七年四月、東京都婦人相談センターの電話相談員第一号に採用され、女性が女性であるが故に受ける暴力、理不尽な差別扱いなどの相談に携わるようになりました。一九八一年四月に沖縄へ帰り、一年間、うるま婦人寮(婦人保護施設)でボランティアの後、那覇市の婦人相談員として一九八二年から七年間働きました。

私は、一九八九年、那覇市議会議員へ立候補し当選しました。以後、市議会議員を四期務めました。婦人相談員としての仕事は、女性の人権回復を支援する意義ある仕事だと思っていましたが、婦人相談員の仕事と司法の限界を思い知らされ、社会の性差別意識を変えたいという思いから選挙に出ることを決意し、女性たちと共に当選を勝ち取ったのです。

日本への復帰後も米軍の削減はなく、米軍の演習による事故・事件は続き、女性に対する暴力も後を絶ちませんでした。一九九五年、国連の世界女性会議(北京会議)への参加準備の中で、沖縄は直接の紛争状態の中にあるのではないけれども、戦後から五〇年にわたり、大規模の米軍が駐留し、人権侵害、生命の危機、暴力が起こり続けており、「長期軍隊駐留下における性暴力」を戦争犯罪として捉えるべきではないかと、「軍隊・その構造的暴力と女性」のワークショップを北京会議の一角で開きました。

北京会議のさなか、一九九五年九月に起こった三米兵による少女強姦事件は、復帰後の米軍人の特徴を現した事件です。事件に抗議する県民大会には、沖縄の人々の積年の怒り、痛み、そしてこれ以上の人権侵害を許さないと八万五〇〇〇人の県民が結集しました。

この県民大会の会場で、私は、女性たちと一緒に立ち上げた「強姦救援センター・沖縄 REICO」を一〇月二五日に開設するとのチラシを配り続けていました。性暴力相談活動は、今も継続しています。

同時にその県民大会直後に結成されたのが、女性たちによる「基地・軍隊を許さない行動する女たちの会」です。早速に政府に対して、日米地位協定を北京行動綱領(日本政府は署名しています)の精神に則して改正することを求めました。

私は、沖縄で米兵による女性の人権侵害をつぶさに近距離でみてきました。沖縄は七一年間、軍隊の支配下にあります。

婦人相談員として、あるいは那覇市の市議会議員として、常に女性たちの苦しい現実に寄り添い、解決に力を尽くしてきました。沖縄ではいまも毎日軍隊との共存を強いられているのです。軍隊が女性にとってどのようなものであるかを身に沁みて知りました。

軍隊の本質は、家父長制に基づく力による支配を強行する組織です。沖縄では特に、米軍人の女性に対するレイプ、絞殺事件は、九カ月の乳児から五歳の幼児を含めあらゆる年齢に及んでおり、ベトナム戦当時には、年間二～四人の女性が絞殺されました。

沖縄の戦後七一年を軍隊の女性への性暴力、殺害などを通して振り返る中で、その人権侵害性を声を大にして訴えます。軍隊の駐留によってもたらされる暴力、それによって傷つき、苦しむ女性たちの存在、その回復支援に取り組んできた者として、訴えます。

私は、少しでも性差別のない、暴力のない社会を作ろうと働いてきました。沈黙を強いられている女性たちと共に、暴力の元凶である米軍の撤退、削減を求め、声を上げてきました。しかし、安保法制法は、その全く真逆なところにあり、私の、私たちの声を完全にかき消すものです。戦後七一年経って、再び振り出しに押し戻されたような屈辱感と怒りを強く感じます。私は、安保法制法の撤回を求めます。

第IV章
私たちは訴え続ける

1 立憲主義を守りたい

福祉施設職員
菱山南帆子(なほこ)

私は、一九八九(平成元)年生まれです。両親が共働きだったため、一人っ子の私は、日中祖母の家に預けられることが多かったです。

祖母は、戦争のことを私によく話してくれました。戦争で祖母の兄弟や家族が亡くなり、祖母自身も戦火に逃げ回ったそうです。祖母は一九四五年八月二日の八王子大空襲を経験しています。八王子の街の約八〇パーセントが焼かれて、何もなくなったということです。「火に追われ必死に逃げ回っているのは、今の私ではなくてあなたくらいの子どもだったのよ」と言われ、私は自分自身が火に追われ逃げる様子を想像し、親を亡くすことを想像するようになりました。心から怖いと思いました。祖母は、戦争の話をした後、いつも「今は二度と戦争をしないという憲法ができたのよ」と本当にうれしそうに話してくれました。私は八王子の街を逃げ回らなくてもいいし、親を亡くして独りぼっちになってしまうこともないと子ども心に安堵しました。私は、「憲法があって良かった!」と心から思ったのです。

小学校六年生の秋にアメリカの九・一一がありました。私は、なんでこんなテロを起こしたのか疑問を持ちました。私は、アフガンの人たちがアメリカを憎む原因を考え、また、九・一一で犠牲になられた人たちの苦しみを想像しました。アメリカが始めた、いわゆる「正義の戦争」はアフガンの人たちから見たら「正義」ではなく「悪」ではないだろうか。そして、なぜテロを起こしたのかと考える中で、「貧困」や「差別」がもとにあり、「戦争」は憎しみの連鎖にしかならないということは、一二歳の私にも分かりました。中学一年生だった二〇〇二年一二月、イラク戦争が始まる直前に、初めて母と一緒に、イラク戦争反対の集会に日比谷野外音楽堂に行きました。同じ思いの人が集まり、思いを共有することに感動しました。それから私は一人で集会などに参加するようになりました。戦争で人の命や生活が失われるということに焦りを感じて、何かしなければならない、という思いに突き動かされていました。

当時は、ツイッターやフェイスブックもスマートフォンもなかったため、情報源は「ビラ」でした。私は学校内で友だちに伝えようと「ビラ」を作り学校内で撒きました。

イラク戦争が始まった三月二〇日以後は、寝袋をもってアメリカ大使館前で泊まり込んで訴えたりしました。私はそれまで、おまわりさんは優しい人たちと思っていましたが、大使館前に座り込んでいる私たちを時には暴力をもって排除しようとしたのを見ました。

私は、こんなふうに運動に関わる中で大人の人たちの話から、戦後の運動の歴史や、憲法というものの中味、憲法九条だけでなく一三条や二四条など、私たちにとってとても大切なことを書いた条文がたくさんあることを知りました。

中学三年から高校二年までの長期休みの時は沖縄の辺野古の海に行きました。そこで、体を張って基地を建設させない運動を続けている人たちを知り、私も仲間に入れてもらいました。ここでも国の人が住民を海に突き落とすという姿を見ました。私は、祖母が安堵した平和を守る憲法を、このままの姿で守りたいのです。

戦争の加害者になって心の傷を負う人を作りたくない、安倍政権の憲法破壊をやめさせ、のびのびと安心して生きられる社会を残したいのです。安保法制によるアメリカと一体化する政策は、自衛隊をこれまでの中立者から明確な敵兵と豹変させることであり、日本を一気に危険な状態へと陥れます。東京地裁への裁判提起後である、七月二日、バングラデシュの首都ダッカでテロ事件が起こり、七名の日本人が犠牲となりました。私たち日本人は、安保法制を制定したことによって、ＩＳのようなアメリカやその同盟国を標的とするテロリストにとっての、標的となりました。私たちの身には現実のテロの危険が迫っています。

また、私たちの国家の基本法である憲法をかくも違法な手続きで破壊した安保法制は、憲法九七条が定める「この憲法が日本国民に保障する基本的人権は、侵すことのできない永久の権利として信託されたものである」ことを、改めて私の心に呼び起こしました。私が祖母から教えられた戦争を行わないかけがえのない憲法九条が、安保法制によって破壊されてしまったことは私の心に大きな傷跡を残しました。

安倍政権が強引に成立させた安保法制によって、私が、平和のためには最善のものと考えている憲法九条が歪められています。私の中には、主権者としての意識、政府が憲法に従うべき立憲主義という考え方が、一五年以上前に私の中に育まれ、これまで蓄積されてきました。しかし、安保法制によって私の考えがドンドン破壊され続け、絶望的な気持ちになっています。

私は祖母から思いを託された者として平和憲法を踏みにじる安保法制を認めることはできません。自分が平和の中で安心して暮らしてきたことを、そのまま次世代に渡すために、安保法制を違憲とする原告となります。

2 「慰安婦」抹殺を許さない

元NHKディレクター
池田恵理子

私は一九五〇年、大空襲で多数の犠牲者を出した東京・江東区に生まれ育ち、高校時代にはベトナム戦争での惨たらしい戦場報道に接して、戦争は絶対嫌だと思ってきました。中国に出征した父に戦争体験を聞いても、住民虐殺や強かんには沈黙するだけだったので、「加害兵士の娘である私」を自覚するようにもなりました。一九七三年にNHKのディレクターになってからは、大空襲や原爆、中国残留孤児など、戦争体験を語り継ぐ番組を数多く作りました。「慰安婦」の番組も一九九一年から九六年までに八本は作りましたが、九七年以降は企画が全く通らなくなり、一市民として「慰安婦」被害者や元兵士の証言を記録する活動を始めました。「慰安婦」制度を裁いた二〇〇〇年の女性国際戦犯法廷には主催団体の一員として取り組み、二〇一〇年にNHKを定年退職した後は、日本で唯一の「慰安婦」資料館、アクティブ・ミュージアム「女たちの戦争と平和資料館」(wam)の館長となって今に至っています。

こうした経験から、憲法改正をライフワークと公言する安倍晋三首相が、日本を「普通に戦争ができる国」にしようと強行した安保法制の制定・施行を許すことができません。首相はこの二〇年余り、「慰安婦」の記録と記憶を抹殺しようと躍起になってきました。これは、戦争と性暴力をなくすために勇気をふるって凄惨な被害体験を語ってくれた女性たちを再び傷つけるものです。

日本軍は戦争中、アジア各地に慰安所を作りましたが、そのきっかけは日本兵の強かんが頻発した南京大虐殺でした。慰安所は強かん防止と性病予防のため中国各地に設置され、戦域が東南アジアに広がると、現地女性を拉致・監禁・輪かんする「強かん所」も増え続けました。しかし厳しい報道規制によって慰安所の存在は国民には知らされず、敗戦直前には戦犯裁判を恐れた軍上層部が関連文書を焼却させました。兵士たちは「慰安婦」を〝戦場の売春婦〟と思い込まされ、加害の意識はありませんでした。

「慰安婦」制度が性奴隷制であり、女性への人権侵害で重大な戦争犯罪だと知られるようになったのは、一九九一年に韓国の金学順（キムハクスン）さんが名乗り出てからです。彼女は日本政府が「慰安婦は民間業者が連れ歩いた」と答弁したことに憤り、立ちあがりました。それを機に、韓国、フィリピン、中国、台湾、オランダなど各国の女性が名乗り出て、日本政府に謝罪と賠償を求める裁判を起こしました。これら一〇件の裁判は最高裁で原告敗訴となりましたが、八件の裁判では事実認定がされています。また審理過程で綿密な聞き取りや資料発掘が行われ、「慰安婦」制度の実態と全貌がわかってきました。

この事実は国際社会に大きな衝撃を与えます。旧ユーゴやルワンダでの集団強かんが問題となった時代です。一九九三年の国連の世界人権会議は「女性に対する暴力は人権侵害」と決議し、国連総会では「女性への暴力撤廃宣言」を採択しました。

対応を迫られた日本政府は「慰安婦」調査を行い、九三年には河野官房長官が「慰安婦」の強制を認めてお詫びと反省を発表しました。しかし政府は「法的責任はない」と「賠償」は行わず、国民からの募金で「女性のためのアジア平和国民基金」を推進したので、被害女性からは批判や受け取り拒否が起こりました。

こうした国内外の動きに危機感をつのらせたのが、歴史修正主義の政治家やメディアでした。彼らは「慰安婦」を〝戦場の売春婦〟として、九〇年代後半から激しいバッシングに乗り出します。一九九七年度版の中学歴史教科書の全てに「慰安婦」が記述されたために教科書会社への攻撃が始まり、やがて教科書から「慰安婦」は削除され、二〇一二年度版では遂にゼロになってしまいました。

報道現場でも、九〇年代後半から「慰安婦」報道を抑える動きが強まりました。二〇〇〇年の「女性法廷」を取り上げたNHKの番組の政治介入による改竄が暴露されて、その一端が明るみに出ました。「女性法廷」は右翼の猛攻撃を受けながら開催されましたが、各国から被害女性六四人が参加し、海外メディアは九五社、二〇〇名が取材に訪れて世界中に報じ、今では現代史に残る出来事となっています。ところが国内での報道は低調で、とりわけNHKが放送した「女性法廷」の番組は異常でした。法廷の起訴状も判決も主催団体もカットされ、出演者のコメントは脈絡なく編集され、「女性法廷」を否定するトーンになっていたのです。あまりのことに主催団体がNHKや制作会社を提訴したところ、その審理中にNHK職員の内部告発によって、安倍晋三官房副長官(当時)ら自民党の政治家たちの介入で、放送直前に番組が改竄されたことが明らかになりました。東京高裁では政治による番組改竄を認めて原告は勝訴、被告ＮＨＫらに二〇〇万円の賠償支払いを命じました。* この事件は報道への政治介入が克明に暴かれた、放送史上稀にみる事件になりました。

ここまで徹底して「慰安婦」がなきものにされるのは何故か。安倍首相は一九九三年に国会議員になってから一貫して、あの戦争は「アジア解放の正しい戦争」だったと言っています。しかし女性たちを性奴隷にした「慰安婦」制度は明らかな戦争犯罪であり、「正しい戦争」とは相いれません。そこで「慰安婦」は民間業者が連れ歩いたもので、日本軍に責任はなかったことにしたい……つまり日本軍が犯した加害事実に向き合う勇気がないのです。

安倍首相は第一次安倍政権の時から「慰安婦の強制の証拠はない」と主張し続け、メディアは政権に同調して「慰安婦」を否定するか、報道を自粛してタブー扱いしてきました。二〇一五年一二月末に日韓両政府が「慰安婦」問題は「最終的・不可逆的解決」に達したとする日韓「合意」を発表し、日本のメディアの多くが「一件落着」と報じ、大方の世論もそう受け止めました。ところが、韓国の被害女性も世論も日本とは真逆で、日韓両政府への批判を強めており、この落差は大きくなるばかりです。このような日本国内の世論形成は、安倍首相たちが二〇年余りかけて「慰安婦」の報道と教育を管理・統制してきた結果だと言えましょう。

二〇一六年五月末には日本を含むアジア八カ国の民間団体がユネスコの世界記憶遺産に「日本軍「慰安婦」の声」の登録を共同申請しました。右派のメディアや日本政府はこの登録を阻止しようと、官「民」一体で取り組んでいます。日本の登録団体の中心にいるｗａｍへの攻撃は激化し、爆破予告の脅迫状まで送られてきました。こうした不穏な動きは、安保法制下での出来事です。「慰安婦」問題を訴える輩は〝敵〟として攻撃してもいいのだ……と思う者たちがうごめき出したのです。

安保法案をめぐる国会審議では、「慰安婦」制度に関する国連の勧告も、南スーダンやアフガニスタン、イラクなど紛争下での戦時性暴力についても、何ひとつ取り上げませんでした。私に参考人として意見を述べたり、公聴会で発言する機会を与えてほしかったと痛切に思います。国会審議で戦争遂行の装置だった「慰安婦」問題を議論できず、法案を廃案にできなかったことは、日本人としての戦後責任を果たせなかったという点で、慚愧（ざんき）の念に堪えません。「慰安婦」問題の真の解決を目指してきた被害女性や国内外の女たちの努力を無にすることだからです。

私はジャーナリストとしての仕事も、「慰安婦」支援や資料館の運営に取り組んできたこれまでの人生も全て否定されたような衝撃と苦痛に襲われています。安保法制は、加害国だった日本がやってはならないことなのです。戦争と性暴力のない世界を築くためにも、違憲である安保法制を何としても廃止しなければなりません。

（＊編集注　東京高判平成一九・一・二九（その上告審として、最判平成二〇・六・一二民集第六二巻六号一六五六頁））

3　キリスト者として声を上げる

平沢　功（いさお）　宗教者

私は日本基督教団の牧師をしています。

私は、一九四八年、福島県(現いわき市)で生まれました。父の実家が農家であったため質素でしたが、戦後の食糧難の経験もなく生活できました。しかし、戦争の傷跡が数多くある中で幼少年時代を過ごしてきました。

町に出ると傷痍軍人が悲しさを漂わせてハーモニカやアコーディオンを奏でながら地べたに座っている光景をよく見ました。夏には毎日のように泳ぎに行った川の傍らには戦闘機の残骸がしばらく放置されていましたし、村の炭鉱地区では戦後になっても韓国や朝鮮の人たちが働いていましたが、彼らに対する人種差別は根強く、子どもたちの間でもいじめがありました。

一方で、少年時代には大人たちが平和や権利のために闘う姿もしばしば目撃しました。

安保反対闘争が激しくなり、世の中が騒然としていたことも覚えています。小学校では、アメリカのビキニ環礁での水爆実験の被災を扱った映画『第五福竜丸』が上映され、図書室にあった『広島・長崎の被爆』写真集にも衝撃を受けました。教師たちも平和について子どもたちに一生懸命教えようとしていたのだと思います。

私が戦争や平和について自らの問題として初めて意識したのは、中学生の時でした。キューバ危機が叫ばれ、核戦争が起こり地球が滅びるのでは、という報道に不安になり、友人と真剣に戦争について話し合ったこともありました。さらに平和について真剣に考えるようになったのは、大学生になってからでした。ベトナム戦争が激しくなり、七〇年安保を迎えようとする時期です。その頃は誰しも、戦争と平和について考えずにはいられない環境にあったと思います。平和の問題をどう考え、どう行動するかは、私にとって大事なものとなりました。

その頃、教会の礼拝に出席するようになり、洗礼を受けました。背景には、母親が女学校卒業後、キリスト教の「救世軍」に参加し活動をしていたことから、子どもの頃からよく教会に連れていかれたり、宗教的な話を聞かされて育った、ということもあったと思います。

そこで牧師から、信仰は神の呼びかけに対して、他ならぬあなた自身の決断が要請され、個々人の応えが大事だが、社会変革はそうではない。「一人が百歩進むのではなく、百人が一歩進む」ということを重視しなければならないと、レーニンの著書『共産主義における左翼小児病』に書かれている言葉を教わりました。民意をくみ取ろうとせず、安保法制を強行した安倍政権はファシズムを思わせます。政党を超えてこの政権にすり寄ろうとする国会議員の動き、マスコミの持ち上げようが非常に気になります。独裁政治のもとで、すべての自由を奪われ、戦争へと突き進んでいった過去についての反省が全く欠落したものと言わざるを得ません。「一人が百歩進むのではなく、百人が一歩進む」政治こそが平和と民主主義を作り出す道です。

またその当時、私が感銘を受けた宗教理解です。「私たちは宗教的・精神的態度が、内なる心の平和と外なる世界の平和をむすびつける目的をもっていることを確認しました」。これは一九六一年に世界宗教者平和会議が京都で開催された時の宣言文の中の言葉です。以来「信仰と平和」、「宗教と政治」とが切り離すことが出来ないのだという考えが私の心の底に深く残りました。

その後、四七歳の時に社会人生活を経て神学校に入り牧師になり、今に至っています。幼少年・青年時代・社会人としての経験すべてが神のお導きだと思っています。

キリスト教は、平和を求める宗教ではありますが、宗教の考え方として私のように理解する者と、それとは別に「心の平和を追求することが第一であり、それが世界平和につながる」という考え方をする者もおりますが、私にとっては、この国が平和にかなった政治を行っているかどうかは、私の信仰にかかわる大きな問題なのです。日本の憲法が、武力を用いずに紛争を解決する平和主義を採り、九条を規定していることは、まさに宗教の教えとも合致するものなのです。

しかし、ここ一〇数年を振り返ってみますと、首相による靖国神社参拝、従軍慰安婦・沖縄集団自決に対する軍の関与の否定、教育基本法の改悪、国民投票法の制定など、戦前回帰の動きが強められてきました。私はこれらの問題に心を痛めてきました。

キリスト教は過去の戦争に協力した苦い経験をもっています。私どもの教会が所属する教団は「まさに国を愛する故にこそ、キリスト者の良心的判断によって、祖国の歩みに対し正しい判断をなすべきでありました。しかるにわたくしどもは、教団の名において、あの戦争を是認し、支持し、その勝利のために祈り努めることを内外にむかって声明いたしました。教団がふたたびそのあやまちをくり返すことなく、日本と世界に負っている使命を正しく果たすことができるように、主の助けと導きを祈り求めつつ、明日に向かっての決意を表明する」、と「第二次大戦下における日本基督教団の責任についての告白」(一九六七年)を発表しました。

憲法九条は、過去の戦争の歴史と反省から、多くの尊い生命の犠牲のうえに、人類の英知によって打ち立てられたものです。私たちは聖書のイザヤの預言「主は国々の争いを裁き、多くの民を戒められる。彼らは剣を打ち直して鋤とし、槍を打ち直して鎌とする。国は国に向かって剣を上げず、もはや戦うことを学ばない。ヤコブの家よ、主の光の中を歩もう」(「イザヤ書」二章四〜五節)が現実化されたものと考えています。憲法九条は、現代に生きるキリスト者の信仰にかかわる問題です。イエス・キリストは「平和を実現する人々は、幸いである。その人たちは神の子と呼ばれる」(「マタイによる福音書」五章九節)、「剣を取る者は皆、剣で滅びる」(「マタイによる福音書」二六章五二節)と命じています。私はこの教えに誠実でありたいと願っています。

集団的自衛権行使を可能とする閣議決定、そして安保法制の制定は、憲法違反であり、キリスト者である私の宗教的信念に反するもので廃止を強く求めるものです。

4　女たちの違憲訴訟

中野麻美　弁護士

「平和なくして男女平等なし」「男女平等なくして平和なし」

これは、女性の参政権と地位向上に尽力した市川房枝が先の戦争から得た教訓です。日本国憲法は、個人の尊厳のうえに差別のない社会を実現することを国家の使命とし、軍隊をもたず、戦争を放棄することを誓いました。この憲法は、私たちの誇りであり希望でした。誰かの顔色をうかがって生きるのではなく、市民社会の一員として自己を陶冶し、そうして培った信念にしたがって行動することに価値があるという「自尊」の源でした。そして、憲法が制定されても、社会に深く刻み込まれた差別や、男女の力関係から生み出される暴力に抗って、自らの人生を切り開き、経済的・社会的・政治的なあらゆる場面で行動する支えになってきました。

戦争は、差別と暴力の究極の形態であり、人間を目的化・道具化・序列化します。戦争と軍隊は、女性の性を道具とし、支配の対象にしてきました。日本軍性奴隷制は女性に対する暴力の頂点に位置する軍隊支配の道具でした。対象にならなかった女性も、性を管理され、天皇の赤子・男子を産んで元気に育て戦場に送り出す役割を担わされ、性的自己決定権も妊娠・出産、いのちや健康の自己決定などもありませんでした。家父長制は、歴史的にも軍事による支配とともに形成・強化されてきましたが、明治以降の富国強兵策を支えるレジームとなって厳しく女性を管理し、市民社会における一個の独立した人格として行動する能力まで否定してきました。

この訴訟を提起したなかには、そうした厳しい戦前・戦中を生き抜いた人たちがいます。小さいころ受けた心の傷はいまなお深く、七〇年たっても戦争は終わっていません。日本軍性奴隷制による犠牲者は尊厳を根底から奪われ、権利の回復もないままずっと戦争のなかを生きています。性奴隷制による搾取の連続性のなかに現代の女性に対する暴力をとらえ、自分のこととして正義を実現しようと行動する人たちも、ヘイトスピーチなどの攻撃を浴びながら被害者とともに戦争を生きています。軍隊によって土地も人の命もたくさん奪われた沖縄は、敗退した日本軍にかわって占拠した米軍にいまでも苦しめられています。そして、戦争を知らない戦後生まれの人たちも、政府の反憲法的政策――軍事化と有事立法を着々とすすめながら、社会の不平等を解消する法制度の実現や、暴力と差別、貧困の連鎖を食い止める教育や社会保障は渋りつづけてきた――によって、可能性を奪われ、「生きづらさ」を痛感させられたり行動を制約されるようになっています。

個人こそ社会の主人公であって、自由にして平等であるという基本原理にたてば、人間を道具化する戦争は放棄されるべきです。憲法が男女平等の本質的かつ普遍的な権利を保障したものであれば、戦争放棄も表裏のものとして守らなければならないはずのものです。ところが安全保障法制は、その制定過程から、重大な憲法違反を重ねるものでした。

第一に、憲法学者のほとんど全員が憲法違反だというのに、政府はこれまでの解釈をクーデターのように変えてこの法律を国会に上程し、武力による紛争解決を法的に承認してしまいました。

　第二に、世論が注目する国会などの場面では、何度も「女性と子どもを護る」というフリップを用いて武力行使の必要性を説明し、繰り返し家父長制と戦争の正当性を人々にイメージさせました。

　第三に、世界各地で、女性に対する性暴力・性虐待が戦争の手段に用いられて、たくさんの人たちが傷つけられ殺されています。日本軍性奴隷制や米軍による性暴力がいまだに女性たちを苦しめていて、戦争は終わっていないのです。二〇世紀に入って、戦争の正当化が日常の生活における女性に対する暴力や差別を強化することが、世界の女性たちによって告発されてきました。「軍事」による「危険」を、最前線に配置される兵士のリスクに焦点化することは間違っています。そして世界が必要としているのは差別と貧困、暴力の連鎖を食い止めるための支援であり、「軍事」ではありません。安全保障法制は、米軍と一体となった軍事行動を可能にするなど国際紛争を解決する手段として武力行使を容認するというもので、生活のあらゆる場面において女性の権利を脅かしていきます。にもかかわらず、これらのことは何一つとして議論・検討されていません。もともと、審議を重ねれば重ねるほど「立法事実」もないことが明らかになったものでしたが、「女性の権利」は国会審議の対象からも無視されました。いったい、どうしてそれが「積極的安全保障」に資するもので、「国民の人権を守る」ことになるのか、国際紛争への軍事介入や日本の軍事化は女性たちの人権を侵害するものではないのか、そうでないとすれば、何処にその保障があるのか、といったことについて、私たちはきちんとした説明を受けていないのです。

第四に、この法律は強行採決され、侵してはならない人権と平和、民主主義という普遍的原理さえも、数さえあれば踏みにじっても構わないという暴力を見せつけました。国会議員は国民全体の代表者です。当時の世論調査では「反対」が過半数を上回り、とくに女性の反対が多かったことをふまえて行動すべきです。日本の男女平等ランキングは世界一一一位(二〇一六年)で政治的平等は最も遅れています。国会に女性の声を反映させる民主主義の動脈は非常に細く、そのために、憲法の普遍的原理である男女平等も平和も政治に届きません。国会議員は憲法尊重・擁護の義務を負っていますから、国会議員は、国民代表制が実質的に男女平等に機能するように行動すべきでした。数をたのんでこの法律を強行採決するのは、民主主義の否定であると同時に、私たち女性の政治的権利を否定するものです。

そして、国際社会は、武力紛争により不利な影響を受ける者の圧倒的多数が女性と子どもであり、戦闘員や武力装置によって標的とされて持続的な平和の実現に否定的な影響を及ぼしていること、したがって、平和と安全の維持および促進のあらゆる取組に女性の平等な参加と完全な関与、紛争予防と解決に関わる意思決定に女性の役割を増大する必要があることを共通認識にしてきました(安保理一三二五決議)。そして、二〇一六年の国連総会では、「すべての人は、すべての人権が促進及び保障され、並びに、発展が十分に実現されるような平和を享受する権利を有する」という平和への権利宣言が採択され、日本国憲法前文の「平和のうちに生存する権利を有することを定める」とする人権としての普遍性を承認するようになっています。この法制の審理と強行採決は、こうした国際的な平和に向かう流れに逆行するものです。

立法やその制定過程が憲法に違反し、正当性もなく、民主的代表制を完全に無視して制定されたとき、そのような法律は廃止されるべきです。私たちは、この国と社会の主人公として、また困難を切り開いて平和と平等を求め行動してきた一個の人格において、到底その効力を認めることはできません。立法府と異なる立場からそれを判断するのが裁判所に与えられた使命だというなら、裁判の公開の原則のもとに立法過程をすべて明らかにし、検証しなければならず、私たちにはそれを求める権利があるはずです。

国は、私たちの主張は、単なる不安や危惧を抽象的に述べるにとどまるものであるから国賠法(国家賠償法)上の要件を満たさないといっています。そして、安保法制の違法性を裏付ける重要な事実について、「認否に値しない」として回答を拒否しています。しかし、女性たちの権利侵害はそれぞれ具体的で多様です。そして、政府や国会議員の違法行為は、既に女性たちの権利利益を現実に侵害しています。

ナチス強制収容所から生き延びた児童心理学者マグダ・オランデール゠ラフォンは、これだけは子どもたちに伝えたいとして、「しっかりと見分けて選び、自分で選択したことに責任を持てるようになることです」「無関心と無知を連帯に代えるのです。無関心と無知は、私に言わせれば、人間の死、人間性の死です」と記しています。私たちは、一人ひとりにこの言葉の意味が問われる時代に生きていることを痛感させられていますが、これからも行動し続けたいと思います。何より、自由に忠実であるために。そして、これまでもそうであったように、他人の期待に応えようとしたり、人から愛されなくなることを恐れて、自分を捨てるようなことはできないからです。

5 安保法制違憲訴訟に関わる憲法研究者の思い

憲法学者
飯島滋明

二〇一七年四月、稲田防衛大臣は自衛隊法九五条の二に基づいて、米艦を防護する任務を自衛隊に命じました。自衛隊法九五条の二も、二〇一五年九月に成立した「安保法制」で自衛隊の任務とされたもので、「我が国の防衛に資する活動に現に従事しているものの武器等」の防護のため、自衛隊の武器使用を認めるものです。ただ、アメリカは「日本防衛」のために艦船を朝鮮半島付近に派遣したのではありません。稲田防衛大臣は早くも自衛隊法九五条の二の法内容にすら違反する命令を出しました。そして自衛隊法九五条の二に基づく米艦防護の命令は、「安保法制」の性質を明らかにしました。つまり、「日本の防衛のため」と言いながら、実際には日本の防衛に関係のない、アメリカの軍事行動支援のための法律という性質です。

他にも例を挙げます。日本が攻撃されたわけでもないのに、世界中での武力行使、「集団的自衛権」の行使を認める「改正存立危機事態・武力攻撃事態法」、戦争するアメリカ軍への後方支援、戦場での米兵の救助・奪還作戦を実施する「重要影響事態法」や「国際平和支援法」も米軍支援法です。こうした安保法制は、「武力による威嚇」「武力の行使」「戦争」を禁じた憲法九条に明確に違反する法制です。

　そして無視できないのは、自衛隊が米軍支援を実施すれば敵対したと見なされて攻撃対象となり、戦闘に巻き込まれる危険性が高くなることです。自衛官にも死者が出て、場合によっては日本も攻撃対象となります。とくに沖縄、佐世保、岩国、横須賀、三沢などの在日米軍基地、東京や大阪などの大都市、原発などが攻撃対象となる危険性が出ます。この原稿を書いている二〇一七年五月六日、私は東京で開かれた、アジア太平洋リサーチネットワーク（ＡＰＲＮ）主催の国際会議に出席しましたが、朝鮮半島での武力衝突は核戦争や第三次世界大戦への導火線になる危険性を危惧する見解に接しました。こうした危険性を考慮すれば、日本政府は朝鮮半島での戦争を絶対にやめさせるべきです。こうした平和外交こそ、憲法の基本原理である「国際協調主義」の実行です。ところが安倍自公政権は米艦護衛任務を自衛隊に命じ、軍事的にアメリカに加担しました。自衛艦による米艦護衛は、国連憲章二条四項や憲法九条で禁止された「武力による威嚇」になります。こうした米軍支援を可能にさせ、日本の市民を危険にさらすのが「安保法制」です。二〇一七年五月、安倍首相は憲法を改正して、二〇二〇年までに施行する決意を表明しました。その中心項目が、憲法九条に自衛隊を明記することでした。こうした憲法改正は、自衛隊の現状を認めるだけでは済みません。海外派兵、無制限の集団的自衛権の行使を正当化する憲法改正になる可能性があります。安倍自公政権は「世界中で戦争できる国づくり」を進めてきましたが、「世界中で戦争できる国づくり」の中心的な役割を果たすのが「安保法制」です。

　米軍支援、自衛隊の先制武力行使を可能にする「安保法制」が実施されることで、日本人の生命、安全、幸福追求の権利（憲法一三条）も危険にさらされます。そこで元最高裁判所長官、元裁判官、元内閣法制局長官や全国の弁護士会、多くの憲法学者も「憲法違反」との意見を表明しました。国際的にも、ナチスに抵抗した法律家により一九四六年にパリで設立され、九〇カ国近い法律家により構成されるIADL(国際民主法律家協会)は、二〇一五年八月一五日に「戦争へと進む日本の立法に反対する」との声明を出しました(榎澤幸広・奥田喜道・飯島滋明編『これでいいのか! 日本の民主主義――失言・名言から読み解く憲法』(現代人文社、二〇一六年、六八―七一頁))。自衛官らに聞き取りをしてきた私は、メディアで発言する元幹部自衛官とは異なり、実際に戦場に行かされる、多くの(元)曹士自衛官が安保法制に反対していることを実感しています。たとえば元陸上自衛官の末延隆成さん(本書一三七頁)は「安倍首相、隊員の命はあなた方のオモチャではありません。犠牲になる自衛隊員の流す血、そして家族の涙に対し、あなた方はどう責任をとれるのですか?」と述べています(飯島滋明、清末愛砂、榎澤幸広、佐伯奈津子編『安保法制を語る! 自衛隊員・NGOからの発言』(現代人文社、二〇一六年、三〇頁))。

そして自衛隊が世界中で戦争するようになれば、どのような事態が起こるか。野中広務氏や小池清彦氏は、自衛隊が海外で武力行使→自衛官に死傷者→自衛隊への志願者の減少→徴兵制、という事態を危惧します。二〇一六年四月、末延さんは「十分な訓練をした自衛官を温存し、使い捨ての任務に充てる人材確保のための徴兵制の可能性も生じる。飯島さんでも年配の女性でも良い」と私に語りました。

「兵士」というと、男性だけと思われるかもしれません。しかし二〇一七年四月一八日、稲田防衛大臣は記者会見で、陸上自衛隊の普通科中隊や戦車中隊の実戦部隊への女性自衛官の配備制限を廃止すると発言しました。この発言の直後、戦車中隊に所属していた元陸上自衛官から私に連絡がありました。彼はこう言っていました。「実戦で砲撃や爆撃を受ければ、服は吹き飛ばされます。女性自衛官が戦闘で捕虜になれば、どのような目に遭うかは想像がつくと思います。そのため、いままで女性自衛官は直接戦闘に関わる部隊に配属されませんでした。ところが安倍自公政権下、直接戦闘に関わる部隊に女性自衛官が配備されるようになっています」と。二〇一五年一一月には戦闘機や偵察機に女性が配備されることになりました。『週刊女性』二〇一七年五月三〇日号で指摘したように、安倍自公政権の「女性活躍」の実態は、「女性も戦場に送ること」と言えます。そして、海外の戦争に日本の市民を「兵士」として派兵するための法制度が「安保法制」です。

憲法学・平和学を専門にする私の見地からは、こうした安保法制があれば、子どもや孫の世代が平和な日本で暮らすことができない危険性が高くなります。社会が危機的状態にむかう時、その危険性を市民に提示することこそ、憲法学者としての社会的役割である。だから私は「安保法制違憲訴訟」に積極的に関わっています。

「安保法制違憲訴訟」は、国際社会の平和構築にも重要な役割を果たします。

二〇一六年一二月一九日、国連総会で「平和への権利宣言」が採択されました(賛成一三一カ国、反対三四カ国、棄権一九カ国)。武力行使の足かせとなる「平和への権利宣言」にはアメリカやEU、日本が反対したことも一因となり、前文と五カ条からなる、法的拘束力のない「宣言」となりました。ただ、「平和への権利」の実現を目指してきた市民社会は、法的拘束力を持ち、より豊富な内容を持つ「条約化」にむけて動いています。「安保法制は憲法違反」との判決が下されれば、そうした判決が国連の場で紹介され、「平和への権利」の条約化にむけた後押しとなります。

また、新倉修青山学院大学名誉教授が指摘するように、「安保法制は違憲」との判決は「国家実行」(State Practice)として、一般的な国際慣習法の根拠とされる可能性があります。実際、国連人権理事会にNGOとして参加した前田朗東京造形大学教授が国連の人権理事会で長沼訴訟第一審判決、イラク自衛隊派兵違憲訴訟名古屋高裁判決、岡山地裁判決を紹介したところ、議長が「国家実行」の実例と述べたそうです。「安保法制違憲訴訟」に原告・サポーターとして関わることは、国際平和への貢献活動にも関わることにもなります。

6　憲法教育者の苦悩

志田陽子　憲法学者

私は私立大学に勤務し、教職課程「日本国憲法」を担当する教員です。「安保法制」が制定されたことで、まずは一個人として続けてきた支援活動に支障・断念・現地の子どもの安否の心配が生じ、自尊感覚も傷つけられています。次に、一主権者として、あるべき参加手続から除外されたことで権利侵害を被っています。最後に、私を含む大学教員および小中高校教員の多くが今、自己の職業倫理について困惑状態に置かれるという精神的・人格的損害を受けており、また学生や社会に対して自己の知見を提供できないという、職業上の損害も受けています。

現在、私は「プラン・インターナショナル」、「国境なき医師団」、「ワールド・フード・プログラム」など、困難を抱えている地域の児童の教育や医療支援、食糧支援を行う各種の活動に対して寄付を行っています。これは平和構築を願う者としての活動であると同時に、子どもを持つ機会に恵まれないまま相当の年齢を迎えることとなった自分の精神面の支えとなっていました。私は現在五五歳になりますが、二七歳の時に交通事故で夫を亡くして以来、独身で職業・研究活動に専念しています。日本社会は、子どもを持たない女性を人格的に不健全・不完全な者であるかのように語ることの多い社会であり、私もそのことに少なからず苦痛を感じることがあります。そのような時、上記の支援を実践しているという事実が、心の支えになってきました。

　私はこれらの団体からの現地報告レポートを定期的に受け取り、文通を通じて現地の子どもと交流することもあります。これらの団体が活動している地域が、現在、大きな影響を受けています。たとえば「国境なき医師団」が支援活動を行っている地域では米軍の病院施設誤爆により大量の死傷者が出ました。その痛ましい報告内容や報道写真映像は、私の日常とつながる出来事です。こうしたリスクを伴う外国の軍事行動に「軍事的に」協働できる流れに日本が組み込まれたという事実は、自分自身にとっての大きな精神的苦痛なのです。

　また、「プラン・インターナショナル」の支援対象地域には南スーダンも入っており、私も現地の子どもを直接支援しています。二〇一六年七月以来、南スーダンの支援対象地域の児童と連絡が取れなくなり、具体的支援を打ち切らざるを得なくなったとの連絡を受けました。この地域で武力紛争・軍事的衝突がより本格化すれば、児童が身を寄せる学校・病院が被害を受ける可能性は高くなります。そして、衝突の可能性を増大させる方向での軍事的支援に日本の自衛隊が派遣されていることから、私は写真や文通を通じて交流をしている児童の安否を案じると同時に、成り行きによっては事態をエスカレートさせ被害を拡大させた加害国の一員という立場に否応なく立たされるという現実的な惧れについて、心的苦痛を感じています。

　私は、これらの地域で困難を抱えている児童と教育者に対して、日本国憲法の条文内容から読み取れる国是に則った平和的な方法で少しでも力になれればと考え、上記のような実践を行ってきました。そうした人間にとり、自国が軍事的戦闘活動によって加害者となる可能性を孕む法制度を採用し、その活動を開始したことに大きな精神的苦痛を感じます。

武力による紛争解決をいかなる事態においても厳に慎むという政治道徳を共有してきた国家が、武力行使による実質戦闘に急激に道を開いてしまったことで、一般市民に大きな動揺が広がっています。この問題については国政担当者自身がまず、自己の依って立つ政治ルール(民主主義、立憲主義)を確認しなおし、国是の重大な変更については国民自身の議論に道を開く姿勢を取り戻してほしいと、一主権者として思います。

通常の言語能力で憲法条文を読んだ時に覚知できる理性的意味の限界を大きく踏み外す意味内容の変更は、もはや解釈変更ではなく憲法条文の規範的意味の改変、つまり実質的な憲法改正となります。私は一主権者として、こうした憲法改正に同意したことはなく、それを決する手続に参加した覚えもありません。現在の状況は、一主権者として受忍するいわれのない事柄です。

日本では一八歳以上の国民が、主権者としての自律的思考力と意思表示を託された有権者です。大学教員および主権者教育に携わる高校教員は、このことを前提として、さまざまな論評や各種の課外講座、講演会などを行います。したがって、ある閣議決定や国会の議決が違憲の疑いを含むことを、多くの識者や有権者が語り、これが政治的争点となっている時には、日本国憲法に照らしてこの意味を解説し、判断材料を提供することが中立的な教育姿勢であり、憲法教育者の責務です。ただ、残念ながら現在、高校までの教育者の相当数の人々が、「政治的偏向」との指弾を受けることを怖れ、本来の主権者教育に踏み出せない心理状況に置かれています。そこで、すべきことになります。

「学問の自由」や「大学の自治」を保障された大学教員が、こうした知見を提供する責務を果たすべきことになります。

ところが二〇一四年七月閣議決定以来、この当然の職業的責務を果たせなくなる事態が、多くの教育関係者、とりわけ憲法教育に携わる研究者・教育関係者の身に生じています。

それ以前の政府解釈を学生・生徒に教えてきた教員たちは、多くの専門識者(憲法学者)が「違憲である」と指摘する政府見解を、教育の場でどのように解説して良いか、非常に困惑しました。多くの教員が、同業者の間でさまざまに連絡・相談をしあい、雇用者である所属大学との間で法的問題が生じないかについても法律実務家に相談・確認をせざるを得ないこととなりました。私もそうした精神的環境に置かれた者の一人であり、このことに多大な労力と時間、精神力を消耗したことで損失を被りました。このような状況は、二〇一四年七月以前には考えられないものでした。

また、「憲法」「平和」「安全保障」といった論題での企画は、政治的な論争に発展する惧れがあるとの理由から、著名な大学でも講演会の中止や企画不許可の対応を行っているところが複数存在します。憲法研究者がそうした場面で企画者・講演者として社会貢献を行い、それを自分の実績とすることは通常の活動ですので、私は自分の研究教育活動・社会活動に支障をきたしたと考えています。

これらの件につき、私は損害を被っている者の一人として、本件訴訟を提起しました。

7　教科書裁判の否定に抗議

戦争体験者　俵 義文

　私は一九四一年一月に福岡県直方市の農家に生まれました。直方は筑豊炭田の中心地域の一つで、なおかつ北九州工業地帯のすぐ近くだったので、一九四五年になると連日のように空襲がありました。敷地内の庭に防空壕を掘っていて、空襲警報が鳴ると家族全員で防空壕に入っていました。私は四歳になっていたので、その空襲の様子や、迎撃するサーチライトと高射砲、日本の戦闘機による空中戦の様子などを恐怖しながら見ていました。ある日、撃ち落とされたB29が数キロ離れた川原に墜落しました。防空壕から見ていると、我が家の裏に墜落したのではないかと思うような、あたり一面が真赤な火の海を思わせるような火柱があがり、とても怖い思いをして、その光景は今でも思い出します。また、一九四五年八月一五日に日本が無条件降伏して戦争が終わった直後に、母の実家の町に墓参りに家族で行きました。そのとき、私は昼寝をしていて目が覚めると家の中に誰もいないので、外に出てお墓のある方に歩いているとき、突然、飛行機が飛んできました。戦争が終わったことを知らなかった私は、「敵機来襲だ、撃たれる」と思い、恐怖で泣きながら必死に走って母の実家に逃げ帰りました。この二つの戦争についての体験、その恐怖は、幼い私の記憶の中に今でも強く残っています。

私が小学校に入学したのは一九四七年四月であり、日本国憲法及び憲法と一体の教育基本法が施行された年でした。その意味では、「憲法・教育基本法一年生」の世代であり、憲法の立憲主義、特に平和主義、基本的人権、主権在民という憲法三原則と、それを教育に活かす教育基本法による民主主義と平和の教育を受けて育つことができたと思います。

私が教科書会社で働きはじめた翌年の一九六五年六月、高等学校の日本史教科書を執筆していた家永三郎さん(東京教育大学教授)が、政府・文部省が行っている教科書検定は憲法・教育基本法に違反するという教科書検定訴訟(いわゆる家永教科書裁判)を提訴しました。

家永さんは教科書裁判を提訴したとき、次のようにその思いを語っています。

「私は、ここ一〇年余りの間、社会科日本史教科書の著者として、教科書検定がいかに不法なものであるか、いくたびも身をもって味わってまいりましたが、昭和三八、九両年の検定にいたっては、もはやがまんできないほど極端な段階に達したと考えざるをえなくなりました。憲法・教育基本法をふみにじり、国民の意識から平和主義、民主主義の精神を摘みとろうとする現在の検定の実態に対し、あの悲惨な体験を経てきた日本人の一人としても、だまってこれをみのがすわけにはいきません」

「戦時中、一人前の社会人だった私は、今日考えると、戦争を賛美しなかったことに誇りをもちながらも、戦争を阻止できなかったことを懺悔します。今日、戦争の芽生えがあれば、それは絶対につぶさねばなりません。戦争で私たちの世代は大きな被害をうけ、多くの仲間が死んでゆきました。この莫大な犠牲の上に憲法ができました。平和主義、民主主義の二つの柱は、これら尊い人命の唯一の遺産です。これをダメにしては申し訳ありません」

ここに示されているように、家永さんが教科書裁判を三二年間もたたかいつづけたのは、日本が二度と「戦争する国」になってはならない、という強い思いでした。教科書の中で、とりわけ政府・文部省が行う検定によって、少しでも戦争の真実、歴史の真実をゆがめ、戦争への道に進む兆候が教科書に出てくることを許せないという思いでした。これは私も同じ思いであり、「教科書に真実と平和を」と願って、これまでの七五年の人生の内五〇年間、その意味ではまさに生涯をかけて教科書問題に取り組んできたのです。

ところが、第一次安倍政権は二〇〇六年に、愛国心などを教育の目標とする教育基本法を制定し、憲法と一体の一九四七年教育基本法を廃止しました。そして、第二次安倍政権・文部科学省は、この〇六年教育基本法を具体化するために、二〇一四年に教科書検定制度を改悪し、「閣議決定などの政府の統一的な見解……に基づいて記述する」という新検定基準を制定し、さらに、教科用図書検定調査審議会(検定審議会)の内規の「審査要項」を改定して、「教育基本法の目標等に照らして重大な欠陥があれば検定不合格とする」という規定を追加しました。

そうした中で、安倍政権によって二〇一四年に集団的自衛権の行使を容認する閣議決定がなされ、さらに、二〇一五年九月一九日に安保法制(戦争法)が可決されたために、前述した新検定基準と新審査要項が重大な「働き」をするようになっています。

こうした戦争法は当然違憲であり、廃止するほかありません。本法廷が、安保法制(戦争法)の違憲性が明確にされることを、私の人生をかけて強く求めるものです。

8 原告として、弁護士の命をかけた闘い

弁護士 吉岡康祐（こうすけ）

私は岡山の弁護士です。私にとってこの裁判は、単に安保法制の違憲性を問うだけではありません。法律家の精神的支柱である憲法を軽視・無視というより憲法を蔑視する安倍政権に対する弾劾訴訟であると思っており、どうしても一国民として、国家権力に対する抵抗権行使をしたいと思い、原告になりました。

早稲田大学法学部当時、私には、憲法改正反対あるいは護憲という明確な思想があったわけではありませんでした。そのような折、高石友也と言う歌手の「拝啓大統領殿」「ベトナムの空」等のいわゆる反戦歌を聞いた瞬間に、大きなカルチャーショックを受け、頭の中で理屈として考えていた九条、平和主義が、瞬間的に、感覚的に自分の中にストンと落ちてきました。「戦争は嫌だ。平和が一番」。以降、私は、九条原理主義者になってしまいました。

弁護士は、憲法で規定されている人権の擁護を中心に、立憲主義憲法のもとで、司法の一翼を担ってゆく職能集団です。私は、二〇一五年度、岡山弁護士会の会長でした。憲法上問題点の多い安保法制案が国会で審理されようとしている年に、会長に就任したということは、全身全霊をかけて憲法を、九条を守るために戦ってくれと、「憲法」から言われたような気持ちでした。

昨年(二〇一五)、高校の後輩である政治学者の山口二郎氏から、「自分はこれまで学生に政治学を教えてきたが、何をしていたのかわからなくなった。このまま、安倍首相のやりたい放題を見逃し、安保法案が成立し、さらには憲法が変えられてしまったら、後世の人に申し訳がたたない。僕は学者生命をかけて憲法を守るために闘う。一緒に闘いましょう」と言われました。彼の誠実な学者魂がひしひしと伝わり、私も弁護士生命をかけるつもりで憲法理念・憲法価値の実現を図るべく全力を尽くすことを、彼に約束しました。その一環が、本件訴訟です。

昔の自民党の首相経験者には、現憲法、特に九条に敬意を払って政治を行った方もおられ、九条は改正されず戦争に巻き込まれることはありませんでした。しかし、安倍内閣の政治家には、憲法及び九条に対する畏敬の念が全く感じられません。第一次安倍政権以降、防衛庁から防衛省への昇格、教育基本法改悪、国民投票法の制定、内閣法制局長官に集団的自衛権容認派の小松一郎氏の就任、特定秘密保護法の制定、報道機関に対する干渉、武器輸出禁止の緩和、自民党改正憲法草案に流れている前近代的思想、何よりも、現憲法はアメリカに押し付けられたみっともない憲法なので改正すべきとする安倍首相の憲法蔑視、憲法九九条違反発言等、このままゆくと、一部の支配者層の極めて不当な憲法観の下で、日本は確実に危険な方向に向かってゆきます。

政府が政策決定や法案を提出する場合、過去の法令や判例に齟齬がないか、憲法に違反をしないか等、内閣法制局で厳格に検討します。しかし、この集団的自衛権行使容認する閣議決定・法案提出については、政府の憲法解釈の番人と呼ばれている内閣法制局で、厳格に検討された形跡がありません。しかも、ほとんど全ての憲法学者、元内閣法制局長官、元最高裁長官、日弁連、全ての単位弁護士会等の法律専門家が憲法違反であると表明していることから、新安保法制は、「一見極めて明白に違憲」です。これだけの多数の法律専門家が、公に、国民に向かって「憲法違反だ」というのは前代未聞です。それだけ違憲性が明白なのです。

これまで裁判所は、自衛隊について積極的に合憲とも違憲とも何も判断していません。しかし、自衛隊が合憲か否かについての憲法判断を回避することと、現行九条の下で集団的自衛権行使が認められるか否かについての憲法判断を回避することは、次元が違います。罪の重さが違います。なぜなら、自衛隊のこれまでの政府の公式解釈すなわち「規範」であった「専守防衛・個別的自衛権」を堅持する限り、自衛隊員は海外での戦闘行為で戦死者が出ることは法理論上はないと言えますが、集団的自衛権行使を前提とする新安保法制の下では、近い将来、自衛隊員が国外での戦闘行為によって殺されたり、あるいは自衛隊員が外国の軍人や民間人を殺してしまう事態の発生の確率が格段に上がるからです。

裁判所が憲法判断を回避した場合、裁判所は、内閣や国会の行為を追認することとなり、国民から見れば、他の二権に加担したとみられます。司法権を担う裁判所としては、集団的自衛権を認めた閣議決定及び新安保法制は違憲無効であるという判決を出し、他の二権と共犯関係にならないことを、そして、三権分立のシステムが機能していることを、国民に示して下さい。

最後に、同じ司法試験に合格し、憲法を真剣に勉強してきた仲間として、私は裁判官の健全な憲法感覚を信じたい気持ちで一杯です。権利性の有無や権利侵害性の有無といった間口の問題で訴訟を終わらせることなく、違憲判決を出されることを切に願います。授業で、裁判所は憲法の番人であると教わります。ここで違憲判断をしない場合は、裁判所は、「憲法の番人」ではなくなってしまい、教科書を変更しなければなりません。裁判所が、名実ともに「憲法の番人」であることを、国民に対し気概をもって示して下さい。

9 平和的生存権の意義

戦争体験者
石村善治

私は、一九二七年二月に生まれました。戦争終結の日は一八歳、旧制福岡高等学校二年生でした。天皇の終戦の詔勅は自宅近くの郵便局前の台上のラジオで聴きました。私は、戦争がこれで終わったことを知り、もう兵隊にとられず、頭髪も自由に伸ばせるようになると本当に嬉しかったことを覚えています。その日の夜から、それまで灯火管制の真っ暗な町中であったのが、あかあかと電気が一斉にともる「平和の夕べ」の日常が戻ってきたことに感激しました。まさに「真っ黒な戦争」からの解放だったのです。

そして、再び軍隊の復活はあってはならない、またあり得ないという思いでした。天皇制軍隊生活の狂暴さからの解放は、この上もない救いの光であったことも誇張ではありません。本土作戦となれば、第一線の米軍上陸部隊に体当たり攻撃を行うことを軍事教練で訓練させられ、陸軍大臣東條英機の「戦陣訓」の「生きて虜囚の辱めを受けず」を最後の決意としていた私にとって、戦争の終結は、まさに「天与」の感そのものでした。当時、ほとんどの日本人が、原爆の存在によって、もはや戦争はあり得ない、あってはならない、日本には軍隊は存在し得ない、世界は完全に平和となると考え望んだと思います。日本国憲法はその思いを込めて作られました。

しかし、あの戦争終結から七二年、日本国憲法制定から七〇年、再び日本国は自衛隊という武力装置を備えた部隊を、「わが国の防衛」の名のもとに、外地に派遣しています。いつ、武力による衝突が起こり、戦闘が開始されるか分からない現状にあります。あの戦争終結の喜びと平和憲法の誓いが、一瞬に粉砕される恐れ、それどころか原発を全土にもっている日本が壊滅的破壊にいたる事態が現実的に起こりうることも、決して否定できません。

そのような日本と世界の現況の中で、私は、無謀な戦争を体験し、同時に親族、友人、知人を数多く失った市民の一人として、戦争の発生、暴発を日本国憲法の平和主義の名のもと、司法の力で止めるためにこの訴訟の原告として参加しました。

次に、憲法研究者の一人として、われわれの主張の根底となっている「平和的生存権」の憲法学的意義について述べたいと思います。日本国憲法の最大の特色、いや世界に誇るべき条項は、憲法第九条と前文の「平和的生存権」だと思います。憲法九条第一項の戦争の放棄は、既に一九二九年の「不戦条約」において、国際的に承認されているものです。それに対して、第二項の戦力の不保持、交戦権の否認は日本国憲法の最大の特徴を示す条項になっています。さらに、日本国憲法の平和主義を特徴付けるものとして、前文第二段後半では「全世界の国民が、ひとしく恐怖と欠乏から免かれ、平和のうちに生存する権利を有することを確認する」と定められています。

この「平和的生存権」の規定は、太平洋戦争開始前の大西洋憲章(一九四一年八月一四日)に由来するものです。イギリス首相チャーチルとアメリカ大統領ルーズベルトが、大西洋上の艦船プリンス・オブ・ウェールズ上での共同宣言で、「ナチ暴政の最終的破壊の後、両者はすべての国民に対して、各自の国境内において安全に居住することを可能とし、かつすべての国のすべての人類が恐怖および欠乏から解放されて、その生命を全うすることを保障するような平和が確立されることを希望する」と述べられています。

この共同宣言は、その後連合国諸国「大西洋憲章」となり、日本国憲法の前文に受け継がれています。「憲章」では「……を希望する」に止まっていますが、日本国憲法前文では、明確に「平和のうちに生存する権利を有することを確認」しています。この「確認」は英訳文では「recognize」とされています。この英単語は法律用語として厳密に用いる場合は、「非を認めて誓約する」ということになります。その意味からも、きわめて重い内容をもつ用語です。

この「平和的生存権」の法的性格について、学説的には憲法制定後のかなり早い時期に、「平和的生存権」の具体的権利性を強調する学説があり、注目されていました（星野安三郎「平和的生存権論序論」法学文献選集一〇、法と平和、昭和四八年）。さらに、裁判でも、二〇〇八年四月一七日名古屋高等裁判所が「自衛隊のイラク派遣は憲法違反」と判示しました。平和な生活が侵される場合だけでなく、自由権が侵された場合、戦争の危害の可能性のある場合にも、現実的な戦争被害や生存権を認めて、「平和的生存権」を、具体的な権利、阻止する権利として認めました。私は多くの憲法研究者とともに、全面的な同意と賛意を表明したいと思います。

日本国憲法の「平和的生存権」は、由来は連合国の「憲章」にあるとしても、そうであるからこそ、日本国民は「全世界の国民が、ひとしく恐怖と欠乏から免かれ」るために努力すべきです。かつての連合国の国々も「憲章」の精神に立ち帰るべきです。私は多くの先輩・同僚の「戦争によって叩き折られた青春」の無念さを胸に抱き、この訴訟の原告となりました。この法廷が日本国憲法の平和と人権の保障、全世界の国民の恐怖と欠乏からの解放という世界史的使命をもったものとなることを衷心より切望しています。

10 安倍流改憲は危険な目くらまし

ジャーナリスト
脇　正太郎

「憲法九条に三項を新設して自衛隊の存在を明記する。高等教育の無償化を定めた条文を新設する。東京五輪・パラリンピックが開かれる二〇二〇年に新しい憲法を施行する」。安倍晋三首相が表明した憲法改正の構想は、反対が少なくて、受け入れやすそうに見えるところから手を付ける「お試し改憲」路線の変型です。「加憲」で公明党の協力を確実にして、高等教育無償化で日本維新の会も引き入れて、議論を加速させる狙いが込められています。改憲発議に必要な衆参両院の三分の二の勢力を維持している間に、改憲を断行する戦略にほかなりません。九条改憲は憲法解釈を変えての集団的自衛権の行使を追認し、自衛隊の海外への歯止めのない展開に道を拓くでしょう。目くらましに何度も騙されるわけにはいきません。

政府と自民党は「自衛隊は合憲」と一貫して主張してきました。首相が自衛隊の合憲性を否定するかのように改憲の必要を説くのは、これまでの議論の積み重ねを顧みず、論理の破綻をきたしているように見えます。しかし、自民党の高村正彦副総裁は首相の表明から間をおかず「最も穏健なやり方だ。最も抵抗が少なく、多くの人に賛成してもらえる」と前向きに評価しました。

安倍、高村両氏は、憲法学者の多くが自衛隊を違憲と主張していても、自衛隊は国民の間に定着し幅広い支持を得ているとの認識を共有し、自衛隊を明文化すると言えば国民の理解を得られるし、安保法制の時のように憲法学者が影響力を発揮することもないと考えているに違いありません。公明党の主張を使うこともできます。自衛隊の存在を九条に明記するのは、公明党がかねてから主張する「加憲」です。このところ改憲に慎重な姿勢を見せる山口那津男代表にしても、これであれば反対しにくいと首相は読んでいるのでしょう。民進党の動揺を誘いもしています。独自に改憲案を発表して党代表代行を辞任したばかりの細野豪志氏は、議論に応じる意向を示しました。前原誠司元外相が昨年の党代表選で首相と同様の九条改憲を提案していた下地もあります。

こうして、改憲に漕ぎつけたい首相の宿願が実る道が拓けそうに見えます。しかし、先行きは平坦ではありません。自民党内の改憲派はこの水準にとどまるわけにはいきません。集団的自衛権の行使を憲法で明確に位置づけたいという誘惑に突き動かされることが予想されます。

安保法制を成立させたのは、従来の憲法解釈を変更してのことでした。今後、トランプ大統領から世界の警察官としての役割の代行を求められても、自衛隊の海外展開のたびに違憲訴訟に向き合う事態が避けられません。

違憲の疑いを解消するためには、戦力の不保持、交戦権の否定を定める九条二項を変えなくてはなりません。三項を加えるのは、二項改正への地ならしと位置づけてのことでなければ、改憲派は納得がいかないでしょう。自民党の二〇一二年の「憲法改正草案」は、二項改正、「国防軍の保持」を盛り込んでいます。

これへの言及を避けている首相の改憲構想には、自民党内から批判が出ました。「わが党の議員が自信をもって国民に対し、わが党はこう考えると説明できなくて、勢いで憲法を改正していいはずは全くない」。石破茂前地方創生担当相はこう発言し、改憲草案の原点に立ち戻るべきだと主張しました。一方で、岸田文雄外相は「(九条を)今すぐに改正することは考えていない」と強調。「首相の発言と私の考え方はどこが違うのか、あるいは同じなのか、一度よく確認をしてみたい」と違和感を表明しました。

自民党にはふたつの潮流があります。それでも、特定秘密保護法、安保法制、共謀罪、そして九条改憲と、首相によって平和国家の理念が壊されようとしているのは確かです。

「高等教育の無償化」のための改憲に至っては、全く論外です。政策で速やかに対応すべきことだからです。首相にしても、維新の会を味方につける以上の意義を見出していないでしょう。維新の会は改憲による教育の無償化を主張しています。

今日、多くの大学生が有利子奨学金を利用し、卒業後、その返済で苦労を強いられるのは、政策による対応を怠ってきたためです。民主党政権が導入した高校授業料の無償化に所得制限を持ち込んだのが自民党だったことからすると、にわかな心変わりは信じ難いものです。

高等教育はもちろん重要です。しかし、育児や介護、医療、年金も同様です。財政難のなかで負担と受益のあり方について、憲法問題に帰結させず、広く国民レベルで議論すべきです。

九条改憲を打ち出したビデオメッセージに先立って、首相は読売新聞との単独インタビューに応じ、ほぼ同じ内容を伝える記事を先行させました。改憲に積極的とされる新聞を使うことで、メディア間の分断と対立を拡大する意図が込められたものでしょう。今後、読売新聞ばかりでなくメディア各社の姿勢が厳しく問われます。とかく権力の意向を忖度して、公平・中立の精神を両論併記と解するようではジャーナリズムの使命を果たせないと覚悟すべきです。

首相は「機は熟した。今求められているのは具体的な提案だ」と言い切ってもいます。天皇に退位を認める法案は与野党の合意が成り、今国会で成立する運びになりました。首相は改憲に向けた最大の障害を乗り越えたと考えていることでしょう。

しかし、森友学園の疑惑では昭恵夫人の関わりが色濃く見えてきました。首相は「自分や妻、事務所が関与していたら首相、国会議員を辞める」と国会で繰り返し答弁しました。この答弁をなかったことにしたいのでしょう。また、共謀罪の導入をめぐっては、政府の説明の信憑性が大きく揺らいでいます。捜査当局が時の政権におもねるなら、政権にとって都合の悪い市民団体や労働組合、NPOが取り締まりの対象になるとの疑いが深まりました。憲法問題で森友問題や共謀罪を覆い隠す意図が秘められてはいないでしょうか。

二〇二〇年の東京五輪・パラリンピックに合わせての改憲の施行というのは、こじつけが過ぎます。「福島原発の汚染水は完全にコントロールしている」との虚言で誘致した五輪をどこまで政治利用するつもりなのでしょうか。

首相は自民党役員会で党内や国会で改憲の議論を加速させるよう指示しました。二〇一八年一二月の衆院任期満了までに改憲の発議に道筋をつける狙いです。次の衆院選で発議に必要な三分の二の勢力を維持できるか定かではない事情が背景にあります。

しかし、現在の勢力は改憲発議の正統性に欠けます。首相は二〇一四年の衆院選は「アベノミクス」一辺倒だったし、昨年の参院選では改憲に一度も言及しませんでした。改憲への意欲はいずれも選挙後に表明されました。国政選挙で改憲の是非を正々堂々と問うなら、報道各社の世論調査で九条改憲まで求める人が多数を占めていない意味に首相は愕然とするでしょう。

首相と自民党総裁の立場が使い分けられてもいます。国会には首相として登壇しているので、総裁としての発言には答えられないとの理屈で、国会で野党議員から改憲構想を問われても、首相は答弁を拒みました。しかし、「自民党総裁としての考え方は、相当詳しく読売新聞に書いてある。熟読していただいてもいい」との答弁には、呆れるばかりです。

これは国民の代表である国会への説明責任を放棄するものです。議院内閣制では与党の首脳は行政府の最高責任者であり、立法府の多数派の指導者でもあるという二つの顔を持ちます。両方の役割を担うのは当然の責務です。

憲法は為政者が守るべき規範であり、主権者たる国民が制定するものです。この認識に欠ける首相の専横に、憲法を、日本の未来を委ねていいわけがありません。

11　安保法制の違憲性と立憲主義の破壊

弁護士　福田　護

憲法九条は、戦後七〇年間、この国が「政府の行為によって再び戦争の惨禍が起ることのないやうに」（憲法前文）するための、大きな防波堤でした。かけがえのないだいじなものは、それが失われそうになるとき、輝きを増し、その重要さ、大きさに気づかせてくれます。

憲法九条は、戦争を放棄するだけでなく、さらに進んで、戦力を持たない、交戦権を否認するという、世界的にも画期的な内容を規定しています。このことによって九条は、国際政治の現実のはざまで、日本も自衛権を有するからと自衛隊という実力組織を保有するに至っても、最低限、他国の戦争に参加して戦争当事国になることはできないと、政府に歯止めをかけてきたのです。その歯止めとしての規範が、自衛権発動の三要件であり、集団的自衛権の行使の禁止であり、また海外派兵の禁止の原則であり、これらが政府の憲法解釈の柱となって、憲法の平和主義の現実的な枠組みを作ってきました。

自衛権発動の三要件は、①日本の国に対する急迫不正の侵害があること、すなわち武力攻撃が発生したこと、②これを排除するために他の適当な手段がないこと、③必要最小限度の実力行使にとどまるべきことの三つです。そして、自国が直接攻撃されていないにもかかわらず、外国に対する武力攻撃を実力をもって阻止する権利としての集団的自衛権は、直接①の要件に反し、③の要件にも反するものだから、憲法上許されないとされてきたのです。

海外派兵の禁止の原則も、自衛隊のイラク派遣による支援活動のようにたいへん危険な状況などがありましたが、それでも政府も、日本が戦争当事国とならないための制度的な担保を設定しようとしてきました。それが、自衛隊の活動を「非戦闘地域」に限定し、他国への武器・弾薬等の提供を禁止して、他国の武力行使と一体化しないようにしようとする制度的枠組みでした。

これらの政府の憲法九条解釈は、自衛隊創設以来、内閣法制局を中心に、六〇年にわたって積み上げられてきました。かくして憲法九条は、政府と自衛隊の行動を制約し、政府の行為によって再び戦争の惨禍が起こることのないように、その防波堤になってきたのです。

安保法制は、こうして営々と積み上げてきた政府の憲法解釈の安全弁、制度的保障を、ことごとく突き崩そうとするものです。集団的自衛権の行使の容認はもちろん危険ですが、後方支援活動も、「現に戦闘行為が行われている現場」以外なら可能とし、戦争をしている他国に弾薬の提供までもできるようにするなど、自衛隊が他国の武力の行使と文字どおり一体となってしまい、敵国の攻撃にさらされかねない、極めて危険なものに変貌しました。

憲法九条の堤防は、安保法制によって大きな穴を開けられてしまいました。国際情勢の水位が上がれば、堤防は決壊を免れません。

現在、安保法制の適用が始まり、南スーダンのPKO派遣部隊に「駆け付け警護」の新たな任務が付与され、また、「米軍等の武器等防護」という自衛隊法の新設規定に基づき、自衛艦による米艦の防護がなされるに至っています。

南スーダンでは、大統領派と反大統領派の激しい戦闘が繰り返され、停戦合意などＰＫＯ参加五原則の前提が失われた危険な状況が拡大しているのに、二〇一六年一一月、政府は自衛隊の部隊に駆け付け警護の新任務を付与し、その任務を遂げるための強力な武器使用を認めるに至りました。しかもその過程で、政府は、その年七月の大規模な武力衝突の状況を「戦闘」として生々しく報告していた現地からの「日々報告」等の文書を、情報開示請求に対して「廃棄済み」と不開示決定をしたのでした。その後一転して公表したものの、今度は、不開示決定後に陸上自衛隊内部でデータ消去指示がなされていたことが報道されました。結局自衛隊の部隊は南スーダンＰＫＯから撤退するに至りましたが、国民に対して武力紛争の実態が政府によって隠蔽されるという、あってはならない重大な問題が、安保法制の実施過程で早くも発生しています。

さらに政府は、二〇一六年一二月、自衛隊法九五条の二の外国軍隊の「武器等防護」の規定の運用指針を定め、二〇一七年五月、これに基づいて、自衛隊の護衛艦に米海軍の補給艦の警護を命じ、自衛官が米艦防護のために武器を使用することを認める措置をとりました。米軍が北朝鮮に軍事的圧力を加え、空母打撃群を日本海に展開するという緊迫した状況のもとで、米軍の艦船に対する攻撃があったら、自衛隊員がその防護のために砲撃までできる体勢をとったわけで、これは、日本が明確に、他国間の軍事的対立の一方当事者の立場に立ったことを意味するでしょう。安保法制は、日本をすでにここまで連れてきてしまいました。

このように、安保法制は、従来の政府の憲法解釈による専守防衛の枠を取り払い、自衛隊がいつでもどこでも米軍等の戦争に参加し、あるいは戦争を支援できる体制を作り、日本が戦争当事者となって加害国となり、また外国からの攻撃の対象となり、さらにはテロ攻撃にさらされたりする機会と危険を大きく拡大したのです。

安保法制の法律制定過程は、憲法九条の内容を変えただけではありません。安倍内閣は、集団的自衛権の禁止を堅持してきた内閣法制局の長官を更迭して容認論者に入れ替える異例の人事を強行しました。閣議決定と法律の制定という方法で解釈改憲をするいわば下剋上により、憲法の根本理念である立憲主義を蹂躙しました。国会に法案を提出する前に、同様の内容をアメリカと約束する新ガイドラインを先行して締結し、直後に安倍首相は、アメリカの上下両院合同議会で演説し、「夏までには法案を成就させる」と表明しました。国会無視も甚だしいものですが、その国会審議では、ホルムズ海峡の機雷掃海など、集団的自衛権の行使等を必要とする立法事実がないことが露呈してきたにもかかわらず、採決が強行されました。「議場騒然、速記不能」とのみ記され、採決経過も会議速記録に残らない大混乱の中での参議院特別委員会の採決に象徴されるように、言論の府における代表制民主主義も蹂躙されました。

内閣が暴走し、政府のご意見番としての内閣法制局の権威が失墜し、国会は機能不全に陥って民意を代表しない状況のもとで、安保法制が制定・施行されたのです。これによる国民・市民の権利の侵害に対し、司法による積極的な違憲判断が、この国のためにどうしても必要なのです。

解 説

安保法制違憲訴訟と原告らの置かれた立場について法的な視点から

学習院大学大学院教授（憲法学）
青井未帆

一　二〇一五年に成立した安保法制には、その内容も制定手続きもいずれも正統性を欠いているとして多くの国民から反対の声が上がっています。とはいえ、国民全員が反対ということではもちろんなく、賛成の人もいます。賛成でも反対でもなく、そもそも興味がないという人もいます。

このように国民の安保法制に対する態度は様々です。とすると、本件安保法制違憲訴訟の原告らは、「安保法制に反対する者」という部分的な利益を代弁しているに過ぎないのでしょうか。そうではないと考えます。

原告らの主張には、純粋に私的な利益に止まらない、自己の経験・体験に裏打ちされた高度の公的な利益に関する主張が含まれています。原告らは、日本国憲法に示されている「戦争を許さない」という日本国民のコミットメントに基づき、これを代表して、権力の暴走に異議を申し立てている者であると、私は理解しています。

二　憲法九条はそのような訴訟が起こされることを許容しているはずです。それは、こういうことです。

憲法九条は軍を否定していますが、それはなんのためだったのかといえば、前文で示されているように、「政府の行為によつて再び戦争の惨禍が起ることのないやうにすることを決意し(た)」からに他なりません。日本国憲法は、明治憲法体制が軍の統制に失敗したことを踏まえ、市民(国民)の目線から、「全世界の国民が、ひとしく恐怖と欠乏から免かれ、平和のうちに生存する権利を有することを確認(して)」、戦争放棄・戦力不保持・交戦権の否認を謳ったのでした。

言い換えれば、九条とは、私たちの自由や生活が再び壊されることがないよう、事前に、手前の段階で、政治権力にできないことを定めて、権力を縛っているのです。そういう意味で、日本独特の形ですが、九条は立憲主義を実現する役割を果たしてきたのでした。

九条が守ろうとしているのは、自由や私たち市民の普通の生活です。憲法の言葉を使えば、「生命、自由及び幸福追求に対する国民の権利」(憲法一三条)の基礎を確保することでしょう。日本国憲法は、軍権力がコントロール不能になって自由が現実に侵害されてからでは手遅れになってしまうからこそ、仕組みとして九条を設けたのです。だから、このような予防的な仕組みにとっては、その目的である自由や市民の生活が危険に晒される「おそれ」に敏感であることが、本質的に要求されるのです。仕組みを設けたことが無に帰してしまっては、意味がないからです。

三 さて、一般論としていえば、九条のような統治の構造に関わる法は、選挙を通じた民主的政治過程で、私たちの代表を通じて調整されるのに向いていません。

しかし、今、私たちが目にしているのは、右に述べたような予防的な仕組みそのものへの攻撃です。内閣が権力を集中させ、憲法の拘束を強引にほどき、国会がそれに追従するかのような状況となってしまっていて、代表者を通じた調整だけには任せていられません。

憲法に基づく政治(立憲主義)を恢復させるために、市民自身が主体的に動かなくてはなりません。立憲主義は単なる統治の技術なのではなく、私たちの自由のための「考え方」なのですから。最も機能的に実現する方法を、私たちが探る必要があるのです。

この国の法秩序が壊されてしまわないように、とれる限りの方法がとられなくてはなりません。その方法は一つだけではなく、「一票を投じる」、「表現の自由を行使する」といった、すでに私たちが行ってきている手段の重要性は繰り返すまでもないでしょう。そして、この安保法制違憲訴訟のように、私人が原告となって裁判所に問題を提起し、政治に憲法を守らせることを問うという方法もあるのです。

四 政府は、集団的自衛権の行使容認をするにあたり、ありもしない想定を繰り返し述べ、抽象的な理屈を並べて、「生命、自由及び幸福追求に対する国民の権利」(憲法一三条)のためと主張しました。その説明の中に、実際に命を失い、身体の機能を失い、財産を失うかもしれない生身の人間、すなわち庶民や自衛隊員個人への真剣な眼差しや責任感の表明があったと言えるのでしょうか。私はそうは思えません。人の命に対して、あまりにも軽薄な態度であったというべきだと考えます。

九条のような事前予防的な仕組みを維持する上では、仕組みそのものへの攻撃に対処し、憲法に基づく政治を実現させるために、日本国民の代表が日本国憲法にコミットする立場から、司法に問題を提起することができて当然です。

では誰が「代表」として適任でしょうか。自由や市民の生活を危険に晒す「おそれ」へどれだけ敏感でありうるかが重要なポイントです。軽薄さを最も鋭く露わにさせ、問題の所在を示すことができる者、つまり、自らの体験に基づき、自由が制約される「おそれ」を最も鋭く問題を摘示しうる者が適任といえるでしょう。

本書では、原告らが訴えを提起せずにいられなかった理由、苦しみや安保法制による衝撃、喪失感など、二度とあんなことがあってはならない、戦争を許さないという思いが語られています。「日本だけではなく、他国でも同じです。同じ人間がみな苦しむのです。私は、この国の政府が、戦争をしていいと判断した時から、再びあの苦しみにさいなまれています」(渡邊紘子さん・本書七六頁)。

居ても立っても居られずに反対の声を上げた者、そして本件訴訟の原告らのように裁判所に訴えざるをえなかった人々にとって、この間の権力の暴走は、まさに身を切られるような痛みと苦しみをもたらしているのです。原告らの心の叫びは、自由侵害のおそれへの警鐘であり、私たちが決して忘れてはいけない悲しい出発点であることに、改めて思いをいたしたいと思います。

決して戦争を許さないという日本国憲法の出発点をいま一度実現するのに、これら原告が誰よりも適切に憲法における国民を「代表」するものです。これら原告の訴える利益は、それぞれの経験に支えられた、「ひとしく恐怖と欠乏から免かれ、平和のうちに生存すること」に関わる人格的利益として、いわゆる平和的生存権の内実と重なるものと考えます。政府の憲法無視・憲法軽視の政治の結果、これらの者の、法的保護に値する人格的利益が損なわれてしまったというべきです。

日本国憲法は、立法府、行政府、司法府が、それぞれ互いに抑制・均衡をはかり、「よい慣行」を積み上げることで、「よい政治」の実現を目指すという考えに基づいています。しかし、先にも見たように、こんにち、行政府が自らに大きな権力を集中させ、これまでの慣行を壊し、あるいは作法を無視する一方で、立法府がそれに対する効果的な抑制をできないでいます。

そういう状況だからこそ、三権分立におけるもう一つの柱である司法府が権力抑制に果たさなくてはいけない役割がこれまで以上に大きくなっています。憲法八一条に明文で違憲審査権が認められている日本国憲法の下で、しかるべき時にしかるべき判断をすることは、裁判所に課せられた憲法的な責務でもあります。

あとがき

「二度と武器を持って戦わない。人を殺し殺される国はやめた」。一九四五年に敗戦を迎えた日本は、歴史の偶然から思いがけない憲法を手にすることができました。これは当時の日本の庶民が心から待望したものだったはずです。現在日本の八割を超える人口が戦後生まれで、学齢を戦後教育で迎えた人を加えれば、ほとんどの日本人は「戦争をしない国」というプライドを持ち、戦争の悲惨さを知らない幸せの中で過ごし、そのことを自覚したことさえないほどに当たり前の国に暮らしてきたのだと思います。

ところが、国が攻められ万やむを得ない事態の時にのみ、防戦もやむを得ないとしてきた国の方針を変え再び戦争する国になるという法律を、数の横暴で成立したことにされてしまいました。これを許すことができないと立ち上がった市民や弁護士が「安保法制違憲訴訟」と銘打った裁判を全国各地で起こし、今や北海道から沖縄まで燎原の火のごとく広がっています。

この「安保法制」が憲法に違反していることは「まえがき」などでも触れてある通りですが、日本の裁判制度は単に「この法律は憲法に違反するから違憲で無効です」といって訴える方法を持っていないために、現在起こしている裁判は、この「安保法制」によって私たちが受けている被害を訴えています。戦争しないと謳った憲法の下で暮らしていたことの幸せはなかなか気づかないものです。でも、どうでしょう、この本の中で語る原告の方たちの話は。戦争へと舵を切ってしまったこの国で、私たちは取り返しのつかない道へ引きずり込まれているのではないでしょうか。二〇一四年七月一日の閣議決定直後から、弁護士らはこの安保法制を裁判で争うことを検討し出しました。難しい裁判です。何が難しいかというと、裁判制度上もそうなのですが、なにより今の裁判所がこの訴訟を受けて立つだけの気構えを失い、政府の番人に成り下がっているのではないか、という不安があるからです。ただ、だからといってこれを座視することはできなかったのです。私たちが司法の使命を呼び起こさなければならないと思ったのです。この裁判はいま、どこまで到達しているのでしょうか。

「どこまで」を考える時、私たちは今どの場所を、どんなふうに進んでいるのかを確認する必要があります。この裁判は、ありふれた既存の軌道を走っているわけではありません。これまで私たちは、憲法から何を得てきたのかを自覚していませんでした。不幸はわかりやすいですが、平穏はわかりにくいのです。また私たちがこの憲法の下で世界からどのように評価されていたかも自覚していなかったと思います。これまで意識していなかったことを意識的に裁判所に伝え、裁判官らの意識も変えていく、かつて無かった闘いなのです。

憲法制定七〇周年を前に行われた共同通信の世論調査では「日本が戦後、海外で武力行使しなかった理由について、戦争放棄や戦力の不保持を定めた『憲法九条があったからだ』とする回答は七五パーセントに上った」とのこと。私たちは気づき始めたのだと思います。本書に収められた内容は、各地の裁判所で訴えられているものです。原告らの言葉には、文字以上の力があり、これまで気づかれなかった事実を法廷に示し、裁判官にも傍聴者にもあきらかに影響を与えています。司法の消極性があるとしても、必ずや影響はあると思います。その影響がたとえ一劫（いちごう）（三年に一度、天女が舞い降りて羽衣でなで、岩がすり減って完全になくなるまでの時間を指すという例え話）という単位であろうと、働きかけるべきです。私たちは今、汲々と地平にへばりつくのではなく、一〇メートルくらい空中を浮遊して、二次元三次元でこの国を見なければいけないと思います。裁判に向かう私たちの姿は、周りの広い地域に影を映しているのです。イメージとしては、西域を旅する駱駝の隊商が地平の朝日・夕日に長い影を映している様子を思い描いてもらいたいです。この隊商は、最初は一団でしたが、あちこちからその列に加わり、すでにこの国を縦断して隊列を組んでいるのです。最初から諦めていたら？　一強の嵐が吹き荒れ、砂漠に砂塵が舞っているだけではなかったでしょうか。歴史は、あとから見れば截然（せつぜん）と残る軌跡ですが、その時代その時代には、ひとり一人がさざ波を起こし、時に化学反応を起こしながら作っていくものです。私たちは、その一人なのです。

この五月三日憲法記念日に、安倍晋三首相は、憲法第九条改正と二〇二〇年の施行を目指す考えを表明しました。発言自体は自民党総裁という立場でのものでしたが、人々は内閣総理大臣の言葉として聞きます。そもそも憲法改正の発議は国会の権限であるにもかかわらず、現職の総理大臣が自らの権限を越え、しかも憲法尊重遵守義務（憲法九九条）があるにもかかわらず、現憲法を遵守しない方向に進める意思を発言したことは、重大な憲法違反の発言です。このような発言をしても平気だと、時の内閣総理大臣に思わせるような社会の雰囲気になっていることに、私たちは強い危機感を持たなければいけません。このままこのような歴史を作らせてはいけないのです。

私たちの大切な国です。これからも幸せな中で子どもたちが過ごせる国を残したいし、世界から尊重される国でありたいと思います。一緒に歴史を作りましょう。本書に掲載させていただいたものの他にも、その心の叫びを記していただいた陳述書が多数あります。本書の作成には、この機会を与えてくださった岩波書店の伊藤耕太郎氏や田中朋子氏のご慧眼に深い感謝をするとともに、安保法制違憲訴訟の会の事務局飯田能生氏と山口あずさ氏が原稿とりまとめに獅子奮迅の尽力を頂いたことへの感謝の気持ちを申し添えます。

安保法制違憲訴訟の会
事務局長・弁護士　杉浦ひとみ

安保法制違憲訴訟の会

〒150-0031　東京都渋谷区桜丘町 17-6　渋谷協栄ビル 2 階
電話 03-3780-1260　FAX 03-3780-1287
E-Mail:office@anpoiken.jp

【共同代表】

伊藤　真(法学館憲法研究所所長)
内田雅敏(戦争をさせない 1000 人委員会事務局長)
黒岩哲彦(東京大空襲弁護団事務局長)
杉浦ひとみ(コスタリカに学ぶ会事務局長)
田村洋三(名古屋高等裁判所元裁判官)
角田由紀子(一票で変える女たちの会呼びかけ人)
寺井一弘(日本弁護士連合会元事務総長)
福田　護(厚木基地訴訟副弁護団長)

安保法制違憲訴訟を支える会

〒101-0062　東京都千代田区神田駿河台 3-2-11
連合会館内 平和フォーラム気付
電話 03-5289-8222　FAX 03-5289-8223
E-Mail:soshou.sasaeru@gmail.com

【よびかけ人】

落合恵子(作家)
奥田愛基(元 SEALDs)
鎌田　慧(ルポライター)
香山リカ(精神科医)
佐高　信(評論家)
澤地久枝(作家)
清水雅彦(憲法学者)
中野晃一(政治学者)
山口二郎(政治学者)

私たちは戦争を許さない──安保法制の憲法違反を訴える

2017年8月4日　第1刷発行
2017年10月5日　第3刷発行

編　者　安保法制違憲訴訟の会

発行者　岡本　厚

発行所　株式会社 岩波書店
〒101-8002 東京都千代田区一ツ橋2-5-5
電話案内 03-5210-4000
http://www.iwanami.co.jp/

印刷・精興社　製本・中永製本

ISBN 978-4-00-061211-1　Printed in Japan